Técnicas básicas de dibujo

IDEA BOOKS

© en idioma español
IDEA BOOKS, S.A.
Rosellón, 186, 1º 4ª
08008 Barcelona
Tel. 453 30 02
Fax 454 18 95

Producción / Juan B. Lorente Herrera
Traducción / Arantxa Sáenz Segarra
Preimpresión / Adrià e hijos
Impresión / Emege Industria Gráfica

I.S.B.N. 84-8236-023-X - Colección
I.S.B.N. 84-8236-031-0 - Técnicas básicas de dibujo
Depósito Legal B-23.825-96
Impreso en España / Printed in Spain

Nº original de I.S.B.N. 0-89134-388-1

Editor / Rachel Wolf / Greg Albert
Diseño interior / Sandy Conopeotis
Diseño de la cubierta / Paul Neff

Las obras artísticas y los textos aparecieron originalmente en unas publicaciones anteriores de North Light Books. La numeración de las primeras páginas se refiere a la del libro original y la que aparece entre paréntesis se refiere a la de este libro.

Carter Clark, Roberta. *How to paint Living Portraits*, páginas 7, 9, 11, 16-17, 21-23, 26, 28, 30-31, 34-35, 48-51, 54-58, 62-63 (páginas 84-95, 106-119).

Dodson, Bert. *Keys to Drawing*, páginas 11-17, 20-21, 86-87, 89, 118-121 (páginas 32-47).

Draper, J. Everett. *Putting People in Your Paintings,* páginas 66-73, 78-79, 80, 82-91, 126 (páginas 72-81, 96-105).

Johnson, Cathy. *Painting Nature's details in Watercolor,* páginas 12-13, 15-18, 26-27, 100-101, 122, 130 (páginas 62-71, 82-83).

Presnall, Terry, R. *Illustration & Drawing Styles & Techniques,* páginas 4-9, 13, 16-18, 24-25, 28-35, 38-39, 42-43, 46, 48-51, 59 (Introducción, páginas 2-31).

Sovek, Charles. *Catching Light in Your Paintings,* páginas 26-31, 132-133 (páginas 48-55).

Webb, Frank. *Webb on Watercolor,* páginas 88, 90-91, 93-95 (páginas 56-61).

AGRADECIMIENTOS

Las personas que merecen nuestro especial agradecimiento, y sin las cuales no hubiese sido posible realizar este libro, son los siguientes artistas, cuyas obras aparecen en estas páginas:
Roberta Carter Clark
Bert Dodson
J. Everett Draper
Cathy Johnson
Terry R. Presnall
Charles Sovek
Frank Webb

TABLA
de
CONTENIDOS

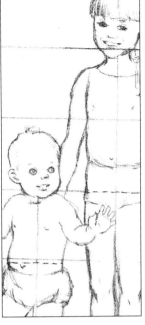

INTRODUCCIÓN

El dibujo es la base de todas las artes visuales. Esto puede parecer una afirmación demasiado audaz, pero nosotros creemos que es cierta. Ningúna otra técnica artística puede cubrir un dibujo malo. Hasta el abstracto ha sido un gran beneficiado de la técnica del dibujo. Afortunadamente, dicen que cualquiera puede aprender a dibujar. Por supuesto, para ser un dibujante competente, tendrá que esforzarse, pero nosotros creemos que podrá ver resultados sorprendentes desde el principio.

El dibujo tiene la reputación de ser algo difícil. Mucha gente se ha desanimado pensando que sólo aquellas personas con talento pueden dibujar. Pero es una reputación injusta, ya que la técnica del dibujo puede ser perfectamente aprendida.

La clave del éxito del dibujo consiste en practicar cada vez un pequeño concepto, así como desarrollar y entender las diferentes técnicas de dibujo y sus características particulares. Este libro le enseñará cada una de estas técnicas comunes y cómo sacar provecho de sus propiedades especiales. También le enseñará la manera de simplificar lo que usted ve para poderlo plasmar en el papel.

Hemos elaborado este libro a partir de las mejores enseñanzas disponibles sobre dibujo y el principiante encontrará todo lo que necesita para iniciarse cómodamente.

En los primeros capítulos encontrará información valiosa sobre los materiales y las técnicas. El libro empieza con los principios básicos que le ayudarán a dibujar, tales como las propiedades de la luz, el trabajo basado en la naturaleza, la interpretación de los valores tonales, la captación de la acción, el escorzo, y el dibujo de la figura y el rostro humano. Los únicos ingredientes adicionales que precisará son la práctica y el saber que su interés y esfuerzo salvarán cualquier falta de esta cualidad tan difícil de conseguir y que llamamos "talento".

Capítulo 1

LOS MATERIALES

Fino: Grafito sobre papel Pentálico para pluma

Medio: Grafito sobre Strathmore serie 300

Rugoso: Lápiz de carboncillo sobre papel para acuarela

Su elección del soporte, o superficie del papel, juega un importante papel en el aspecto final de su trabajo artístico. Sobre estas líneas se encuentran tres detalles de diferentes ilustraciones, mostrando como el relieve del papel, o la falta de relieve, trabajado con diferentes medios, puede crear diferentes texturas.

El papel de dibujo

La superficie del papel es la base del trabajo artístico, el soporte sobre el cual el medio (carboncillo, grafito o tinta) deja su huella. La textura de la superficie tiene mucho que ver con el aspecto final del dibujo, así que el papel puede ser utilizado como un elemento creativo dentro del diseño de una ilustración. Se fabrican muchos tipos de papel que se utilizan con distintos fines. A menudo, ciertas técnicas dan mejor resultado con determinados tipos de papel. Algunas veces, el papel puede marcar la diferencia entre una ilustración excelente y otra mediocre, por lo que la elección del papel adecuado para un trabajo es muy importante.

A la textura del papel a menudo se le llama *mordiente*. La textura la crea el fabricante de una de estas dos formas: variando la composición del papel (madera, algodón, trapo o incluso fibra de vidrio, que se añade para reducir las ondulaciones), o presionándolo entre inmensos rodillos de acero que permiten crear acabados distintos, como el satinado, el verjurado, etc.

El papel de dibujo se clasifica en *rugoso, semirrugoso y fino.* A veces, es difícil dibujar sobre el papel fino, ya que este papel carece de la textura necesaria para que el medio pueda adherir a la superficie del papel. Por otro lado, cuando utilice carboncillo, grafito o tinta sobre un papel rugoso, éstos se depositarán sobre los relieves del papel, en lugar de expandirse por toda la superficie. Este tipo de papel rugoso lo emplean básicamente los acuarelistas.

El papel prensado en caliente es muy fino, con una superficie dura, mate o satinada. Debido a su dureza, este papel da muy buen resultado con ambos medios: en húmedo (tinta) o en seco (grafito, carboncillo, etc.), y permite obtener unas líneas nítidas y definidas gracias al acabado liso del papel. Los medios húmedos tienden a secarse en la superficie en lugar de penetrar en el papel, lo cual produce una línea borrosa. (Sobre un papel semirrugoso o prensado en frío, sería mucho más difícil conseguir unas líneas tan nítidas, debido a la textura fina del papel.) Algunos ejemplos de papel prensado en caliente son las cartulinas de tipo bristol satinadas, las cartulinas satinadas para ilustración, el papel de carta y el papel de caligrafía.

El papel prensado en frío es ligeramente texturado y tiene un ligero mordiente en su superficie. Este papel es adecuado para todas las técnicas artísticas, tanto húmedas como secas. Lo único para lo cual el papel o cartulina prensados en frío no dará tan buen resultado será para conseguir líneas a tinta nítidas, precisas y limpias, debido a su textura. Debido a su característica semirrugosa, las cualidades adhesivas de los medios son algo mejores con el papel prensado en frío que con el prensado en caliente. He aquí algunos ejemplos de papeles prensados en frío adecuados para las técnicas en seco: papel de periódico, cartulina bristol con acabado de vitela, papel para carboncillo, papel de carta y el Ad Art (Ad Art es el nombre comercial de un papel blanco brillante, ligero, con un contenido de 100% trapo. Su excelente mordiente lo hace adecuado para todos los medios secos y los rotuladores. Disponible en rugoso y fino). Para las aguadas y las técnicas en húmedo, cualquier tipo de

Una de las superficies más seguras y versátiles es la cartulina satinada. Este tipo de superficie se puede emplear para todo tipo de medios y técnicas, desde aguadas húmedas y dibujos a tinta, hasta grafito y carboncillo.

Como se ve en este dibujo, la cartulina bristol fina acepta muy bien la tinta del bolígrafo; permite que la línea sea suave y fluida.

First-Pic, vendiendo tomates en el mercado de Boston
Terry Presnall
Bolígrafo negro Paper-Mate, punta media, sobre cartulina satinada de doble capa

papel para acuarelas y de cartulina semirrugosa dará buen resultado.

El papel para acuarela está hecho con un 100% de fibra de trapo, por lo que la tinta se seca no sólo en la superficie del papel, sino también en su interior, en las fibras, que actúan como una esponja muy fina. Dado que el papel para acuarelas tiende a absorber la tinta (o por lo menos, el agua mezclada con la tinta), las aguadas de tinta pueden aplicarse muy rápidamente. La rapidez de secado dependerá de la cantidad de agua (y/o tinta) aplicada, del grosor del papel y de la humedad ambiental. Una vez el papel para acuarelas haya alcanzado su punto de saturación, el tiempo de secado será terriblemente lento. Pero saturar el papel puede ser, a veces, beneficioso, ya que permite sangrar tonos o modelar y controlar los valores tonales. Si el tono es demasiado oscuro, puede secarlo con un tisú, y si es demasiado claro, podrá hacer una nueva aplicación encima.

Puede comprar papel de dibujo de distintos colores, pero los papeles blancos y los de colores suaves neutros suelen ser los mejores para dibu-

Fijador

Siempre se empieza a dibujar sobre papel, y si decide trabajar con carboncillo, grafito, pastel, cretas o tiza, finalizará su dibujo con una aplicación de fijador. Esto evitará que el trabajo se emborrone o ensucie, o que el medio se borre cuando lo toque. Una o dos capas finas de fijador serán suficientes. Tenga cuidado de no empapar el dibujo, y deje suficiente tiempo de secado entre una capa y otra.

Existen dos tipos de fijador: de trabajo y permanente. Utilice el fijador de trabajo para proteger su dibuje mientras trabaja. Este tipo de fijador tiene un acabado mate y le permitirá seguir trabajando sobre el dibujo, rociándolo ligeramente de vez en cuando para evitar que se emborrone.

El fijador permanente es impermeable, de secado rápido, abrillanta y "sella" el dibujo. Debe utilizarlo *sólo* cuando el dibujo está terminado. El grafito, las cretas, el carboncillo, la tiza o los pasteles no adhieren a las superficies que llevan fijador permanente. Para fijar el dibujo terminado, una capa un poco más espesa de fijador de trabajo también da buen resultado. Algunos artistas no utilizan fijador permanente para la última capa, y lo consideran innecesario.

jos e ilustraciones. Los papeles más oscuros, en particular, son desaconsejables, ya que tienden a atenuar el dibujo. Los que llamamos papeles blancos secundarios son, en realidad, diversos papeles "blancos". Existen papeles blancos azulados y blanco-amarillos. Los papeles de carta finos tienden a ser blancos azulados, mientras que los semirrugosos, como los que se emplean para hacer bocetos, son blancos-amarillos. También lo son los rugosos. Las cartulinas bristol existen en diferentes pesos (capas) y sutiles colores pastel. El bristol tiende a ser más azulado, lo cual lo hace más "brillante". Hay poca diferencia entre las superficies del papel de dibujo y de la cartulina para ilustración: ambas pueden ser idénticas. La única diferencia, llámele ventaja si quiere, es su dureza. La cartulina es fuerte y pesada, y soporta cualquier exceso. Ambos dan buenos resultados para el mismo tipo de trabajo, pero para dibujos que deba llevar en un cartipacio, le vendrá mejor utilizar papel de dibujo que cartulinas. Éstas son mucho más pesadas y difíciles de transportar de un lado para otro.

Las marcas de papel varían de un país a otro, pero algunas (Strathmore, Arches, Aquabee, Bienfang...) son universalmente conocidas. En sus cubiertas se suele indicar el número del papel, su textura y utilidad (acuarela, dibujo, delineación, carboncillo, etc.). El número que figura después del nombre comercial indica el tipo de papel y ayuda al detallista cuando éste debe pasar un pedido. Por ejemplo, en la línea Strathmore, la serie 300 es un bloque de papel especialmente diseñado para estudiantes, y viene con superficies para dibujar, hacer apuntes o pintar acuarelas. La serie 400 es un taco de papel de dibujo, pero hay una segunda calidad de la serie 400 que existe en taco o en rollo. El papel de la serie 500, en 100% fibra de algodón, viene en tacos para carboncillo y para dibujar.

Cada artista espera distintas cosas de sus papeles y medios, así que diríjase una tienda especializada y pregúntele a un vendedor experto qué tipos de papel están disponibles. Explíquele que quiere trabajar con tinta, por ejemplo, y pregunte qué tipos de papel debería probar. Si es Ud. tímido o prefiere tener varias opiniones, visite varias tiendas y hable con varios vendedores. Algunos papeles son tan caros, que es como consultar a un médico: le convendrá tener una "segunda opinión" antes de decidirse.

Como hemos dicho, el papel es importante porque su textura aceptará mejor unos medios que otros. Por ejemplo, el papel (o cartulina) prensados en frío o semirrugosos aceptarán bien el carboncillo, porque su superficie agarra y retiene el carboncillo depositado. En este libro verá ejemplos de dibujos hechos con carboncillo con papel prensado en frío *y* en caliente. El papel puede incluso no afectar su dibujo: los guaches, acrílicos y otras técnicas húmedas dan buenos resultados tanto en papeles lisos como texturados, sin ninguna diferencia visual en la textura. No notará la sutil textura de una línea de grafito o de carboncillo sobre un papel vitela prensado en frío o sobre una cartulina; el papel para acuarelas, sin embargo, acentuará la línea de carboncillo (ver *Retrato de Betty*, página 12).

Los artistas a menudo rompen las normas. Cuando experimente con distintos papeles, fíjese en la diferencia de sus líneas. Sea atrevido, pruebe todo tipo de papeles, desde una bolsa de la compra de papel hasta un cartulina fina.

El lápiz de grafito

El término "mina de plomo" es, en realidad, incorrecto, ya que no contiene nada de plomo. El ingrediente principal es el grafito, que se mezcla con arcilla y después se cuece. El grado de dureza de un lápiz de grafito viene determinado por la cantidad de arcilla añadida. A mayor cantidad de arcilla, mayor dureza; cuanta más dureza, más claridad de color. Ocurre lo contrario, por supuesto, con los lápices blandos.

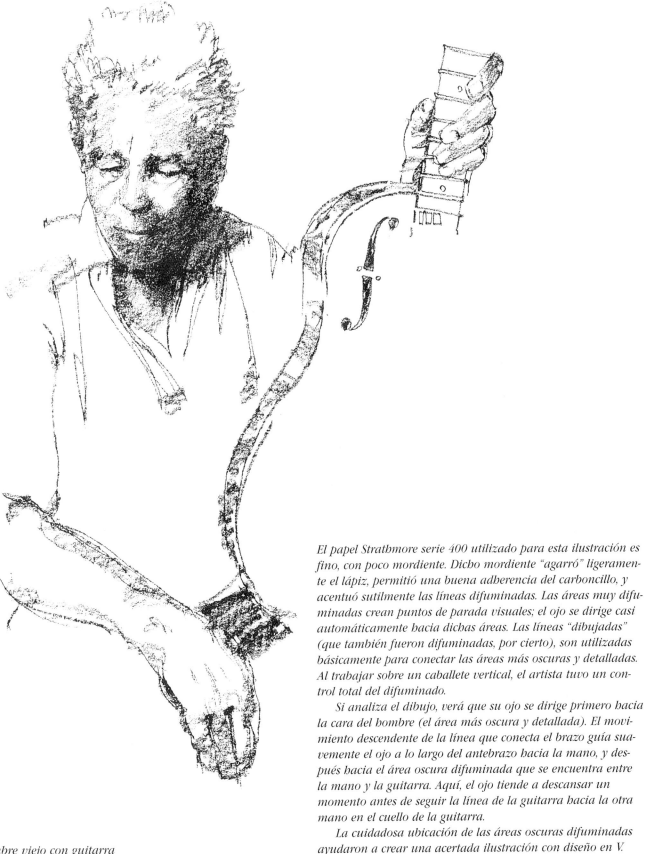

El papel Strathmore serie 400 utilizado para esta ilustración es fino, con poco mordiente. Dicho mordiente "agarró" ligeramente el lápiz, permitió una buena adherencia del carboncillo, y acentuó sutilmente las líneas difuminadas. Las áreas muy difuminadas crean puntos de parada visuales; el ojo se dirige casi automáticamente hacia dichas áreas. Las líneas "dibujadas" (que también fueron difuminadas, por cierto), son utilizadas básicamente para conectar las áreas más oscuras y detalladas. Al trabajar sobre un caballete vertical, el artista tuvo un control total del difuminado.

Si analiza el dibujo, verá que su ojo se dirige primero hacia la cara del hombre (el área más oscura y detallada). El movimiento descendente de la línea que conecta el brazo guía suavemente el ojo a lo largo del antebrazo hacia la mano, y después hacia el área oscura difuminada que se encuentra entre la mano y la guitarra. Aquí, el ojo tiende a descansar un momento antes de seguir la línea de la guitarra hacia la otra mano en el cuello de la guitarra.

La cuidadosa ubicación de las áreas oscuras difuminadas ayudaron a crear una acertada ilustración con diseño en V. También es un buen ejemplo para saber cuándo hay que parar de dibujar: se ha mostrado lo justo, y todos los detalles de fondo innecesarios han sido omitidos.

Hombre viejo con guitarra
Terry Presnall
Lápiz de carboncillo blando sobre un
papel Strathmore serie 400

La dureza se designa por la letra *H*, y va desde H hasta 8H, que es la más dura. Los lápices duros producen una calidad de línea agrisada, apropiada para los trabajos técnicos, como dibujos de arquitectura o planos de ingeniería. La mina de estos lápices se gasta menos que la de los lápices blandos, y el emborronamiento es mínimo. Pero con estas minas no se puede hacer una línea oscura, aunque se ejerza mucha presión, pues es más que probable que la mina se rompa o que se dañe considerablemente el papel. De modo que si se da cuenta de que ha cometido un error o si quiere rectificar esa área del dibujo, aunque consiga borrar el grafito duro, seguirá teniendo un papel dañado y redibujar sobre dicha área será imposible.

Los lápices blandos se designan con la letra *B*, y van desde B hasta 8B, que es el más blando. Las minas blandas son más oscuras que las duras porque contienen mayor cantidad de grafito. Para dibujar, las minas blandas permiten líneas ricas y oscuras. Los valores se controlan fácilmente con la presión: los tonos más claros requieren menos presión y los más oscuros, más presión.

Algunos fabricantes de lápices utilizan el sistema numérico Nº 1 (el más blando), Nº 2, Nº 3 y Nº 4. Habrá visto esta numeración en el lápiz más corriente, el Nº 2, popular por su mina oscura de dureza media; con poca presión se obtiene una línea legible, lo cual significa que quien escribe podrá trabajar por más tiempo sin cansarse, y que la punta de la mina no se gastará tan deprisa como la de una mina muy blanda.

El cuerpo de madera de un lápiz corriente de dibujo o de escritura es redondo o hexagonal. Para los lápices de muy buena calidad, se suele utilizar la madera de cedro.

Para alargar la vida de un lápiz, compre un apuralápices. Le permitirá sujetar cualquier trozo de lápiz, tanto si es redondo como hexagonal, de manera que podrá seguir utilizándolo aunque sea demasiado pequeño para sujetarlo en la mano.

El portaminas

Los portaminas tienen muchísimas ventajas. Su longitud no varía nunca porque nunca hay que afilarlo. La mina se puede retraer dentro del portaminas, y queda así protegida. Se puede emplear una gran variedad de minas con el mismo portaminas, y se pueden cambiar rápida y fácilmente. Puede darse el caso de que empiece su dibujo con una mina HB o B y la cambie por una 3B para trabajar los tonos, o viceversa. Los cuerpos de los portaminas existen diferentes en medidas y acabados. Dado que estos diámetros y acabados varían considerablemente, vale la pena que se acerque a su tienda de material de dibujo y pruebe algunos portaminas, para ver cuál es el que

El boceto con un lápiz blando

Lo ideal es que el boceto sea un trabajo creativo, espontáneo e ininterrumpido. La próxima vez que realice un boceto, intente este método de trabajo y vea si éste le permite ser más productivo. Afile tres o cuatro lápices del mismo grado: B, 2B o 3B. Utilice una mina blanda, ya que le proporcionará una mayor variedad de grosor de líneas. Conforme vaya dibujando y se vaya gastando la mina de su lápiz, continúe su trabajo utilizando uno de los lápices todavía afilados para las líneas finas, y los que ya no lo son para las líneas anchas. De esta manera, podrá trabajar de forma fluida en lugar de tener que parar periódicamente, perdiendo espontaneidad y concentración y malgastando un valioso tiempo afilando sus lápices.

También es importante que el soporte de su dibujo sea cómodo, ni muy duro ni demasiado blando. Será difícil trabajar sobre una superficie demasiado blanda, ya que se creará un efecto de esponja bajo el lápiz. Si la superficie sobre la que dibuja es demasiado dura, el lápiz tenderá a depositar demasiadas partículas con muy poca presión, así que las variaciones de tono serán más difíciles de controlar. Además, si la superficie dura no es completamente lisa, puede darse el caso de que la línea hecha a lápiz acentúe accidentalmente cualquier defecto, arañazo o irregularidad. Por ejemplo, una simple hoja de papel utilizada sobre un tablero de madera puede acentuar el grano de la madera. Además, si aplica demasiada presión sobre esta misma hoja, puede hacer pequeños agujeros en el papel o desgarrarlo con la punta del lápiz.

Acolche su soporte de dibujo. Introduzca una o dos hojas del mismo tipo de papel sobre el que va a dibujar entre el soporte duro y su boceto. Este acolchado, combinado con la presión empleada para aplicar el lápiz, permitirá que el papel acepte mejor el grafito.

Trío en el lago
Terry Presnall
Mina de grafito B sobre papel blanco

mejor se acopla a su mano. Si tiene dedos delgados o pequeños, un portaminas de cuerpo fino y de acabado liso será lo ideal. Para una palma de mano grande y dedos gruesos, pruebe un modelo de mayor diámetro, con un cuerpo acanalado que le permita una buena sujeción.

Las minas de dibujo para portaminas existen en 14 grados de dureza y con varios diámetros; los estandard son de 0,2 mm, 0,3 mm, 0,5 mm, 0,7 mm y 0,9 mm.

Si quiere tener siempre una mina afilada, podrá utilizar un afilaminas. El lápiz se acopla al afilaminas, y con unos cuantos rápidos movimientos circulares de la muñeca, tendrá una mina afilada y limpia.

El lápiz de ébano

Para dibujar y hacer acabados artísticos con grafito, el lápiz de ébano Eberhard-Faber es el favorito. Este lápiz tiene un grafito de primera calidad, blando, negro azabache, que produce una línea extra fina. El diámetro de la mina es algo mayor que la de un lápiz corriente. Con un lápiz de ébano, se consiguen grosores de línea desde la más fina hasta la más ancha; debido a la su calidad extra oscura de su grafito, no requiere mucha presión.

La mayoría de papeles aceptan las líneas hechas con un lápiz de ébano. Pruébelo con un papel que tenga algo de mordiente, como por ejemplo la cartulina prensada en frío o la bristol, el papel Strathmore serie 300, el papel de periódico o el 100% trapo. El mordiente agarra ligeramente el lápiz, así que éste adhiere bien al papel. Además, el mordiente le da carácter a la línea.

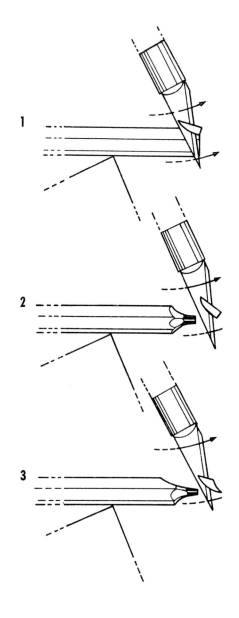

El afilado del lápiz a mano

Debe aprender a afilar su lápiz a mano por varias razones. La primera el elevado coste de los materiales, que obliga a la mayoría de los artistas a ser lo más cuidadosos posible. La segunda es que una punta bien afilada es vital para muchos de sus dibujos e ilustraciones.

Otra razón por la cual debe dominar el afilado a mano es que cuando dibuje en exteriores, lo último que querrá llevarse es una maquinilla de manivela voluminosa y pesada.

Para poder hacer un buen afilado, necesita un cuchilla de una sola hoja o bien un cuchillo pequeño y bien afilado. Un cuchillo de mondar le irá bien, pero si dibuja en exteriores, elija una navaja plegable para mayor seguridad.

1. Coloque la punta que quiere afilar sobre una superficie firme. Sujete el lápiz con firmeza y corte hacia el exterior, para proteger su cuerpo y sus dedos, hacia la punta del lápiz; saque pequeñas láminas de 1/2 cm aprox.

2. Deje el máximo de madera posible, porque ésta es vital para sujetar el grafito; si saca demasiada madera, la punta podrá romperse. Y tampoco presione demasiado, o se romperá el grafito.

3. Baje la cuchilla un poco más y corte más madera. Vaya con cuidado para no romper el grafito.

4. Su lápiz está ya listo. También puede "retocar" la mina con el canto de la cuchilla o con papel de lija fino.

5. Si utiliza papel de lija, mueva el lápiz hacia adelante y hacia atrás, con un movimiento circular lento y una presión uniforme.

Tenga cuidado de no eliminar las letras de identificación de su lápiz; es probable que a la hora de comprar otro de recambio, no se acuerde del tipo de lápiz que era.

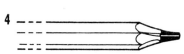

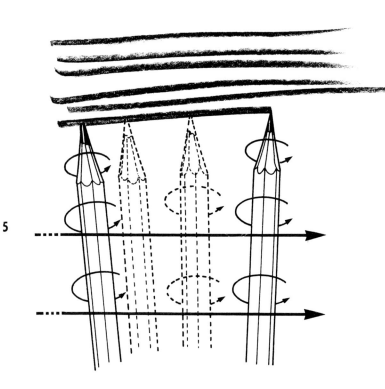

Técnicas básicas de dibujo

Las gomas de borrar

Los productos para borrar pueden a veces salvar un dibujo. Se utilizan para eliminar errores, aclarar tonos y para trabajos de limpieza en general, tales como eliminar emborronamientos o las líneas de un dibujo cuando éste ha sido ya repasado con tinta. Existen actualmente muchas clases de productos para borrar, teniendo cada uno una función determinada. Algunas variedades vienen en forma de lápiz (tanto para uso manual como eléctrico), otras son cuadradas y se gastan rápidamente (Faber Castell Artgum), hay las gomas corrientes rectangulares u oblongas, las moldeables y los lápices de borrar recubiertos de papel. Algunas llevan caucho moldeable (gomas moldeables) o productos antimanchas (RubKleen); hay una que borra químicamente la tinta china y tiene una punta de vinilo; otras llevan plástico o líquidos no inflamables. Y aún hay más. Si se adentra en la jungla de los productos para borrar, verá que algunos le gustan más que otros. Si le gusta alguno en concreto, pues adelante, siga con él. Muchos artistas prefieren la goma moldeable, la Pink Pearl de miga de pan o la eléctrica. Veamos primero la goma moldeable: flexible como la masilla, pero no tan grasienta, se utiliza tanto para "recoger" partículas sobre el papel como para borrar. Podrá formar y modelar una goma moldeable para borrar cualquier cosa, desde amplias áreas del fondo o del primer plano hasta detalles pequeñitos de la cara. Puede utilizarla literalmente como una herramienta de dibujo. El emborronamiento, con una goma, es mínimo, y su textura suave y no abrasiva impide que se dañe el papel. La goma es adecuada para eliminar grafitos, carboncillos, carbones y pasteles.

El segundo tipo de goma, la Pink Pearl de miga de pan, se utiliza básicamente para "acabar" con áreas enteras. Esto significa eliminar grandes áreas del dibujo o partes del medio (grafito, carboncillo o pastel) del papel, así como aquellas áreas que cuestan más de hacer desaparecer con una goma moldeable. Si tiene que borrar grandes áreas de un dibujo, utilice esta goma blanda para borrar la superficie; sólo quedarán discretos restos de goma sobre el papel. Aunque sople fuerte sobre la superficie, no eliminará todos estos restos; tendrá que cepillarlos suavemente con la mano o con un cepillo. Hágalo con cuidado, o acabará emborronando el dibujo.

El tercer favorito es la máquina de borrar eléctrica. Se trata de una pequeña máquina con un interruptor convenientemente ubicado en el mango. Se utilizan barras de borra estandard que se cambian con mucha facilidad. Se pueden utilizar 11 tipos distintos de barras; estos tipos se designan e identifican por sus colores y se suelen utilizar para el grafito y la tinta. También existen plantillas de borrar, que se utilizan con la máquina eléctrica y que son muy prácticas. Se trata de finas láminas de acero inoxidable, con figuras, de distintos tamaños y formas, recortadas, y que permiten borrar pequeñas áreas. Son imprescindibles si se tiene una máquina de borrar eléctrica.

Un líquido de borrar muy útil es el Pro White. Es el nombre comercial (existen otras marcas, siendo el producto prácticamente el mismo) de una pintura blanca, muy opaca, soluble en agua, que cubre bien superficies tales como el acetato, las fotos, el papel, etc., y que se puede diluir fácilmente, para hacer aguadas húmedas, con otros productos solubles en agua. No se pone amarillo con el tiempo. Este producto es imprescindible, cuando se trabaja con productos negros u oscuros, para dar retoques, limpiar o corregir errores.

Líquido de borrar

Goma de miga de pan

Goma de borrar moldeable

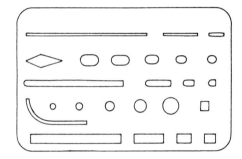

Plantilla de borrar

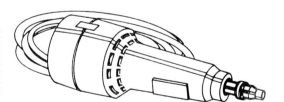

Máquina de borrar eléctrica

Barras para máquina eléctrica

El *lápiz de carpintero*

El lápiz de carpintero o lápiz plano de dibujo es largo y rectangular, hasta tal punto que se le llama "plano". A menudo se le llama así debido a su forma: un grueso trozo de grafito, de 3 mm, recubierto por tiras de madera de 0,5 cm a 1 cm de ancho. Este lápiz va muy bien para dibujar, trazar y rotular, y viene en tres versiones: 2B, 4B y 6B.

Utilice el canto del lápiz para hacer una línea, sujetándolo normalmente. Debe sujetarlo continuamente en la misma posición con respecto al papel, para producir así una línea consistente.

Este lápiz produce un trazo muy duro y uniforme. Para afilar este lápiz, utilice una cuchilla de afeitar afilada para hacer los cortes iniciales en la madera; en este caso no dará resultado una maquinilla de afilar convencional, debido a la forma del lápiz. Practique el modelado del canto del grafito con una cuchilla de afeitar, para crear distintos gruesos de línea. Incluso puede probar a hacer muescas en la punta de la mina para hacer líneas paralelas, en el caso por ejemplo de las tablas de madera de un cobertizo.

Los papeles semirrugosos son los mejores para estos lápices. En general, cualquier papel de dibujo de buena calidad dará buen resultado; un papel más duro y liso, o satinado como la cartulina, no aceptará bien la línea. El lápiz tenderá a resbalar sobre una superficie muy lisa, lo cual queda evidente en la línea producida. A diferencia del papel prensado en caliente, el papel Strathmore serie 300 (prensado en frío), tiene un buen mordiente que acepta bien el grafito y lo retiene en su superficie. Además, debido a esta característica, se controlan fácilmente los matices de tonos.

El lápiz cincel es la versión pequeña del lápiz de carpintero. No viene con un canto de cincel, pero se puede fácilmente modelar su mina para que se le parezca. Este lápiz tiene el mismo tamaño que el lápiz de madera corriente; la única diferencia es la forma rectangular de su mina y el hecho de que hay que afilarlo a mano.

Lápiz de carpintero

Línea de grosor medio del lápiz de carpintero

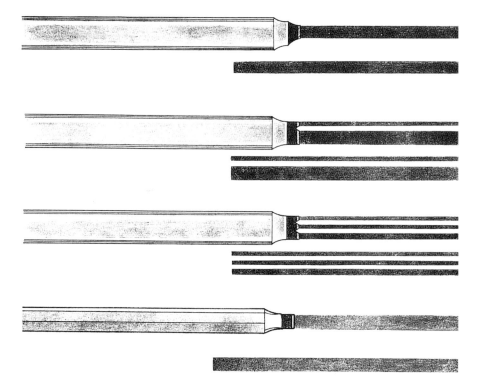

Lápiz de carpintero con muesca para combinar líneas gruesas y finas

Lápiz de carpintero con muescas para obtener una línea gruesa y dos finas

Lápiz cincel

Línea de grosor medio del lápiz cincel

En este dibujo, se utilizó un lápiz de carpintero para ayudar a dar una sensación de movimiento. Las líneas paralelas en el brazo derecho del guitarrista ayudan al ojo del espectador a mezclar todas estas líneas y crean la ilusión de que el brazo se está moviendo de verdad. El humo del cigarrillo se eleva, se achata, y se disipa con un simple movimiento lineal. Un papel de mordiente medio acepta la línea de grafito mejor que otro liso o rugoso.

Blues del Mississippi
Terry Presnall
Lápiz de dibujo plano, 2B, sobre papel
Strathmore serie 300

Si el medio que emplea es el adecuado para el papel, podrá acentuar o modificar las características de este medio. Fíjese cómo el carboncillo incorpora la dura textura del papel a su línea. Experimente con diferentes tipos de papel para descubrir cuál es el mejor para conseguir determinados efectos de ilustración.

Retrato de Betty
Terry Presnall
Lápiz de carboncillo, medio, sobre papel para acuarela

El lápiz de carboncillo

El lápiz de carboncillo es, como su propio nombre indica, una barra de carbón recubierta de madera, lo cual le proporciona dureza y sujeción. Se suele utilizar aceite de linaza en su fabricación, lo que le da al carboncillo riqueza de color y densidad y le permite adherir bien al papel. Los lápices de carboncillo hacen marcas suaves de un negro azabache, y dan igual de buen resultado para el dibujo tonal como para hacer líneas. Los tonos claros son tan fáciles de conseguir como los oscuros.

El grado de dureza se mide de manera similar al de los lápices de grafito, pero cada fabricante tiene una manera distinta de indicar los grados de sus lápices de carboncillo. En algunos casos, el H quiere decir que es duro, siendo el 3H el más duro; el B es blando, siendo el 3B el más blando. Otros fabricantes los diferencian simplemente como blandos, medios y duros. Pruebe distintas marcas y compare las designaciones de los fabricantes con los resultados obtenidos con los lápices.

Los lápices de carboncillo, como los de grafito, dejan su marca o depósito sobre la superficie de papel, de manera que si la superficie tiene algún tipo de textura o mordiente, la línea dibujada sobre dicha superficie afectará y reflejará esta característica y hará que el medio tenga un *estilo* o aspecto distinto. Podrá ver y comparar estos efectos estudiando la calidad de la línea en *En vacaciones* (papel Strathmore serie 400) con la de *Retrato de Betty* (página opuesta, papel para acuarelas Strathmore serie 500).

Los lápices de carboncillo se gastan rápidamente, aunque se trabaje con una mínima presión. Los carboncillos más duros se pueden afilar con una maquinilla convencional de manivela (las maquinillas eléctricas tienden a "comérselos" más deprisa). La maquinilla de manivela es más rápida que el afilado manual con cuchilla, pero no es una buena solución para los lápices muy blandos ya que, al ser muy quebradizo el carboncillo, se rompen con facilidad. Para los lápices blandos, lo que da resultado es el afilado manual con navaja de afeitar.

Al igual que sucede con los lápices de grafito muy blandos, cuando la punta de carboncillo se gasta, es fácil volver a tener una punta afilada. En una hoja de papel de recambio, haga rodar el lado de la punta del carboncillo, ejerciendo poca presión. Tendrá que hacerlo rodar varias veces para formar la punta del carboncillo, pero verá cómo este método le hace ganar tiempo y se alarga la vida de su lápiz.

La mayoría de ocasiones en que tenga que borrar carboncillo, podrá hacerlo con una goma moldeable. Generalmente, no hará una línea con carboncillo con tanta presión que requiera una goma de miga de pan para eliminarla. Primero, frote el área con una goma moldeable. Esta goma, que parece arcilla, eliminará la mayor parte de partículas de la superficie del papel. Después, si necesita borrar más, debería bastar con borrar suavemente los lugares precisos con la goma moldeable.

Siempre se utilizan fijadores para proteger trabajos hechos con carboncillo, tanto durante la fase de trabajo como en la de acabado.

En vacaciones
Terry Presnall
Lápiz carboncillo 3B Wolff, sobre
papel Strathmore serie 400

Este dibujo apareció como ilustración puntual, reducido a la mitad de su tamaño original, que era de 16 x 23 cm. La línea era gruesa, para que la ilustración pudiera ser reproducida, y como el texto iba distribuido en la parte superior y a la izquierda de la cabeza de la mujer, la composición fue equilibrada en consecuencia. La mujer y el niño en su regazo se dibujaron a partir de una foto. La tercera figura fue añadida para dar equilibrio, y el fondo se dibujó para unificar el conjunto.

Para este dibujo, se utilizó carboncillo, dada la flexibilidad de líneas que permite; además, el carboncillo aporta espesor y densidad de línea. Si estudia la ilustración con detenimiento, verá que las partes más importantes (las áreas positivas) se componen básicamente de líneas pesadas. Las más finas se utilizan sólo para sugerir el perfil de las áreas de espacio negativo y fueron especialmente diseñadas para acentuar y acomodar las áreas positivas.

Partiendo de un foto de referencia, el artista hizo primero un apunte ligero, y después repasó la línea con una creta Conté. Aunque el dibujo se hizo sobre una cartulina de ilustración satinada, se ve un poco la textura de la superficie (aunque se supone que no hay ninguna) en las áreas negras del fondo. La línea de creta Conté negra medio utilizada para este dibujo parece incrementar en grosor, oscurecer visualmente, y hacerse más ancha, conforme se ejerce más presión sobre la creta.

Marlo con estatua Art Decó
Terry Presnall
Creta negra medio Conté sobre una cartulina Charrette High-Tech satinada

La creta Conté

El Conté es un conocido tipo de "tiza" francesa. Se compone de grafito o pigmento, arcilla y agua. Una vez mezclados éstos, se forma una pasta, se le da forma de barras y se cuecen éstas en un horno. Estas cretas están disponibles tanto en barra como en lápiz, y en cuatro colores: sanguina (rojo, disponible en cuatro tonos), sepia, blanco y negro (disponible en tres grados: suave, medio y duro). El Conté ofrece cualidades tonales muy ricas, líneas suaves y da buen resultados sobre la mayoría de tipos de papel.

No confunda las cretas con los lápices de colores, que están hechos con tintes y caolín (arcilla). Las cretas no llevan cera y son muy difíciles de borrar del todo. Si tiene que borrar amplias áreas, probablemente no le será posible eliminar bien la creta, y seguro que acaba teniendo un papel sucio. Lo mejor es que empiece con un apunte muy claro y vaya oscureciéndolo gradualmente. La goma de borrar moldeable da buenos resultados con el Conté, pero si debe hacer desaparecer una área, utilice una goma moldeable y después frote el área con una goma de miga de pan.

Esta ilustración apareció como portada artística para un prospecto anunciando una exposición de arte que trataba el tema de la trascendencia del tiempo. La ilustración fue dibujada en tonos sepias.

Para crear Belleza victoriana, el artista dibujó primero todas las líneas con una sanguina Conté y roció una capa fina de fijador de trabajo para protegerlas. Seguidamente, utilizó una técnica de aguada en seco. Para ello, frotó una sanguina Conté sobre una hoja suelta y, con una "almohadilla" hecha con pañuelos de papel, trasladó las partículas de sanguina al dibujo, para darles tono a la cara, al sombrero y a las ropas. Al aplicar suavemente sobre el dibujo este pañuelo de papel cargado con sanguina, el artista pudo trabajar sobre amplias áreas sin dejar de controlar los tonos claros. Después modeló el tono claro; las áreas que se solapaban con las líneas ya dibujadas fueron eliminadas con una goma moldeable y rociadas con fijador de trabajo. Para los tonos más oscuros, se repitió el mismo método: se desarrollaron tonos claros unos tras otros, hasta conseguir el tono oscuro deseado. Para acabar, se aplicó una fina capa de fijador permanente.

Belleza victoriana
Terry Presnall
Creta Conté 3B, sobre cartulina bristol satinada de doble capa

La tinta

Actualmente existen muchos tipos de tinta en el mercado, en casi todos los colores imaginables. Los dibujos coloreados con tinta son vivaces y transparentes; los colores pueden mezclarse para conseguir tonos intermedios. La intensidad del color viene dada por la cantidad de agua añadida pasa diluir la tinta. Cuanta más agua, menor intensidad.

La tinta china es un líquido negro oscuro disponible en dos versiones: impermeable y soluble en agua. La diferencia más significativa entre ambas es su permanencia. La adición de laca es lo que le permite a la tinta china ser impermeable; este tipo de tinta dura mucho más. La tinta china impermeable se puede diluir y utilizar con agua; sus propiedades impermeables sólo toman efecto cuando ya se ha secado la tinta. La tinta china soluble en agua también se mezcla bien con agua para hacer aguadas pero, como su nombre implica, no es impermeable y dura menos. Este tipo de tinta no puede ser utilizado con otros productos que lleven agua. Si, junto con las tinta, pretende utilizar agua, en cualquiera de sus formas, como por ejemplo en aguadas, acrílicos o acuarelas, utilice tinta china impermeable.

También existen tintas especiales para estilógrafos. Estas tintas impermeables y solubles en agua tienen propiedades antigrumos y aunque fluyen libremente, tienen calidades ultradensas y opacas que permiten producir líneas continuas y controladas.

Esta ilustración se inspiró, en parte, en una foto sacada, naturalmente, en una fiesta de 4 de julio. La ilustración entera se hizo sobre un tablero de dibujo, colocado horizontalmente, en el estudio. Las líneas de "contorno" sombreadas se utilizaron en el dibujo simplificado y se le añadió a la bandera un pequeño tramado para darle variedad y un toque de tono oscuro. (Más sobre tramados en la página 29.)

Se utilizó una plumilla nueva de estilógrafo, del nº 0, y tinta china impermeable para conseguir una línea fluida.

Fiesta del 4 de julio
Terry Presnall
Estilógrafo Rapidograph nº 0, tintas especiales Pelikan 9066, sobre papel pentálico para pluma

Este dibujo de un hidropedal se hizo en el lugar mismo. Se utilizaron una cartulina bristol satinada de doble capa, de 30 x 35 cm, una botella pequeña de tinta china impermeable, un lápiz blando, una goma moldeable y una plumilla de ave. El dibujo fue llevado a cabo en tres fases. Primero, el artista hizo un apunte del barco amarrado en el muelle y repasó las líneas con tinta; después, añadió al marinero medio oculto detrás del cisne de hierro colado y de los pasajeros. Tras haber dibujado a lápiz a los pasajeros y haberlos repasado con tinta, el artista añadió el agua y el fondo, y dibujó la barca como si se encontrara en medio de un estanque. La tercera y última fase se hizo en el estudio; con un pequeño pincel, se añadieron el fondo, las sombras de la barca y demás áreas

negras hechas a tinta. Se borraron con cuidado las líneas del dibujo a lápiz con una goma moldeable. Este artista en particular siempre se lleva una botellita de tinta china impermeable cuando sale; esto le permite mayor flexibilidad para cambiar de opinión y retocar las áreas de un dibujo en cualquier momento y en cualquier lugar. No podría añadir una aguada húmeda o ningún otro producto que llevara agua si utilizara tinta china soluble en agua, ya que las líneas se borrarían.

Las plumas de ave son flexibles, permiten un trabajo de líneas rápido y fluido, y es divertido utilizarlas. La cartulina de bristol acepta bien las líneas hechas con plumillas de ave, y la tinta se seca bien sobre su superficie dura y poco absorbente.

Barca con cisne en Boston
Terry Presnall
Plumilla de ave y pincel, tinta china, sobre cartulina bristol satinada de doble capa

La plumilla

Las plumillas o plumas se utilizan tanto para dibujar como para escribir. Las plumillas de dibujo son de acero y son lo suficientemente flexibles como para producir una gran variedad de grosores de línea. Estas plumas existen en diferentes medidas y formas, según su función. Las plumillas Hunt Artist nº 22B Extra Fina, la School nº 56 y la Imperial nº 101, por nombrar sólo unas cuantas, son ideales para rotular, dibujar y para técnicas de línea fina.

Si las cuida y limpia bien, sus plumillas funcionarán durante mucho tiempo. No permita que se formen residuos en las puntas, ya que pueden afectar la calidad de las líneas de sus dibujos. Las plumillas se limpian fácilmente colocándolas bajo el grifo. Utilice agua y jabón para las zonas más difíciles. La clave para una buena limpieza es retirar la punta del soporte antes de limpiarla, especialmente si el soporte de la pluma lleva una pieza de metal donde queda introducida la punta. Si no retira la punta, la pinza metálica puede oxidarse, atascarse y retener la punta. Una vez haya limpiado la plumilla y su soporte, deberá secarlos con una servilleta de algodón. (Los estilógrafos son un tema distinto; vea cómo limpiarlos en la página 24.)

Cuando elija sus puntas, le convendrá también mirar y probar los soportes, disponibles en distintas medidas. Elija el grosor de soporte que mejor se acopla a su mano.

Camafeo se hizo con una plumilla Hunt nº 99, flexible, extrafina, de punta redonda, de acero. Esta plumilla también es excelente para dibujar líneas rápidas y finas, y con ella se consiguen fácilmente diferentes grosores de línea: basta con ejercer más o menos presión sobre la punta. En cuanto a este dibujo, su tamaño es bastante grande y representa el retrato de una joven con la melena al viento. Las dos líneas circulares dibujadas alrededor de la forma sugieren la forma de un camafeo.

Camafeo
Terry Presnall
Plumilla Hunt nº 99 de punta redondeada, MB

Retrato de Adán y Eva *es un dibujo ges-*
tual lineal de dos personas sentadas
entre árboles. Se hizo con una plumilla
de acero Hunt nº 513 Globe de punta
cóncava, extrafina. Es excelente para
hacer líneas fluidas y finas, y su carga
de tinta es algo mayor debido a su gran
tamaño. La punta cóncava se desliza
bien por la superficie del papel. Si quie-
re experimentar con pluma y tinta
sobre distintos tipos de papel (cosa que
debería hacer), le conviene empezar
con este tipo de punta.

Este dibujo se hizo sin un previo
apunte o planificación.

Retrato de Adán y Eva
Terry Presnall
Tinta sobre papel pentálico para pluma

Este dibujo a tinta, Momento de ocio, *se*
hizo con una plumilla de acero muy fle-
xible Hunt nº 101 Imperial, extra fina y
de punta redondeada. Esta punta flexi-
ble es ideal para dibujar y hacer apun-
tes; es una punta multiusos que traza
tanto líneas finas y detalladas como
gruesas.

Por lo que se refiere a este dibujo,
fue completado rápidamente durante
una charla. El artista captó la acción
del personaje y el detalle de las áreas
más importantes, que son las manos y
la cara. Las otras áreas del cuerpo se
limitan a un simple perfil lineal.

Momento de ocio
Terry Presnall
Tinta de dibujo Higgins, sobre cartulina
satinada, taco de dibujo Morilla nº 188.

Vendedor de naranjas en Hay Market,
Boston
Terry Presnall
Pluma de cuervo y pincel, tinta china,
sobre cartulina bristol satinada, taco de
bristol Morilla nº 188.

Las puntas de pluma de cuervo

Las puntas de pluma de ave, como las plumas de cuervo, o las plumas de halcón y otras plumas flexibles, son más pequeñas y tienen una punta superfina que permite reproducir trazos muy finos para áreas de mucho detalle. Debido a su diminuto tamaño, las puntas de pluma de ave requieren un soporte especial para sostenerlas, pero permiten una gran variedad de líneas.

Cuando utilice una pluma de cuervo recuerde que tiene una punta muy afilada y que tiende a perforar la superficie del papel. Las fibras de la superficie del papel prensado en frío o del papel semirrugoso pueden llegar a obturar la punta, así que use un papel con una superficie dura y lisa, y evite utilizar papeles que contengan fibra suelta.

Las plumas de cuervo deben sumergirse en un tintero de vez en cuando para rellenar su carga de tinta. Sepa que la cantidad de tinta que lleve la pluma afectará el resultado. Esto no quiere decir que si la punta se seca, ya no funcionará, pero sí hay que remarcar que cuanta más tinta tenga la punta, mayor grosor tendrá la línea y que cuanto más gruesa sea ésta, más tiempo tardará en secarse.

Se debe tener un especial cuidado cuando se dibuje con una punta completamente cargada de tinta. Un movimiento de la mano brusco, o el detenerse bruscamente, puede provocar que la tinta vuele, salpique, o gotee. Cuando dibuje con una pluma de cuervo, asegúrese de que la punta está en las mejores condiciones. Tenga siempre a mano un trapo limpio y húmedo para limpiar la tinta seca que se haya ido acumulando en la punta de la pluma mientras dibuja. Recuerde, la tinta fluirá mejor si la punta está limpia.

Estas ilustraciones fueron realizadas de la misma forma. Primero el artista hizo un boceto ligero con un lápiz de grafito sobre el papel, luego utilizó una pluma de cuervo para repasar las líneas del lápiz. Una vez hecho esto, borró las líneas de grafito con una goma moldeable, evitando que se dañara el papel o que se redujera el tono oscuro de la tinta china. Después planificó las áreas negras, teniendo en cuenta la profundidad y el equilibrio. Para rellenar las áreas entintadas, utilizó un pequeño pincel de punta redonda.

Este grupo de dibujos puede parecer "plano", debido a la falta de valores intermedios; los únicos tonos diferentes a los negros son los creados por las zonas lineales. Pero a pesar de que los dibujos parezcan planos, las áreas en negro crean profundidad visual. Estas áreas oscuras fueron introducidas con moderación, para no recargar el dibujo.

Buscando cambio
Terry Presnall
Punta de pluma de cuervo, tinta china, sobre papel pentálico para pluma

Manisero, Hay Market, Boston
Terry Presnall
Pluma de cuervo, tinta china, sobre una cartulina bristol satinada de cuatro capas

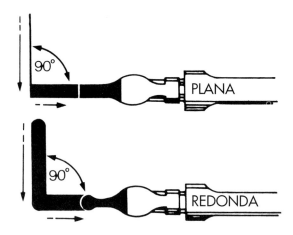

Aqui se muestra una forma rápida para ver la diferencia de líneas entre una plumilla de rotulación con punta redondeada y otra con punta de cincel. Coja una plumilla con punta de cincel ancha, introdúzcala en la tinta, y desde cualquier punto del papel dibuje una línea vertical hacia abajo. A continuación, sin levantar la pluma del papel, dibuje una segunda línea horizontal formando un ángulo recto con la primera. Verá que la línea horizontal tiene el mismo grosor que la plumilla, pero que la línea vertical es mucho más fina. Ahora haga lo mismo con la plumilla de punta redondeada y verá que la línea vertical tiene el mismo grosor que la horizontal. No importa cuál sea el ángulo, el grosor de la línea siempre será el mismo.

Las plumillas de rotulación

La función más importante de las plumillas de rotulación es, como su propio nombre indica, ayudar a los artistas a escribir y a rotular. La plumilla tiene una punta más ancha que la de una pluma normal de dibujo, y existe en una gran variedad de formas y tamaños: planas o de cincel, puntas oblicuas (tanto para diestros como para zurdos), puntas ovaladas, y puntas redondeadas.

La plumilla de rotulación no fue diseñada para dibujar pero aun así, permite hacer líneas bonitas y fluidas, y la acción en el dibujo es mucho más rápida que con un estilógrafo (ver página 24). Además, produce una mayor variedad de líneas de tinta, dependiendo del grosor y de la forma de la punta que se utilice. Una plumilla de rotulación siempre produce una línea más gruesa y pesada, y suele tardar más tiempo en secarse porque se deposita más tinta sobre el papel. Algunas plumillas llevan unas pinzas metálicas que sirven como depósito de tinta; esto le confiere a la plumilla mayor capacidad de tinta, un flujo más uniforme de tinta, y buenas propiedades para el trabajo con regla. Sujete el soporte de la pluma de forma natural, como si fuera un lápiz.

Las plumillas de rotulación pueden utilizarse con una gran variedad de papeles, pergaminos y papeles avitelados. Para la rotulación convencional, una superficie dura, lisa, o con un pequeño mordiente (prensado en caliente), cubrirá sus necesidades, pero experimente con diferentes tipos de papel para ver cuál de ellos prefiere.

Esta ilustración fue dibujada con líneas formadas por puntos y rayas sobre un papel de vitela grueso. La superficie lisa y dura de este papel acepta fácilmente los trazos de tinta y le permite al artista utilizar una máquina de borrar eléctrica (que es la mejor herramienta para borrar tinta). La ilustración se realizó sin sombreados para acentuar el detalle de la línea.

La plumilla Platignum utilizada para este dibujo es poco corriente (no tiene depósito de tinta y posee un borde cuadrado, muy fino, casi imperceptible). El artista utilizó la cantidad máxima de tinta en la punta de la plumilla, dando así lugar a este tipo de línea redondeada que podemos ver en el dibujo.

El sexto amor del rey Enrique
Terry Presnall
Plumilla de rotulación Platignum, extra fina, recta, tinta china impermeable, sobre papel Charrette Concept 900

Estilógrafo nº 0000

Estilógrafo nº 00

Estilógrafo nº 2

El estilógrafo, a diferencia de otros tipos de plumas, crea una línea de densidad y grosor constantes. Se pueden comprar estilógrafos con grosores de línea que vayan desde los 0,13 mm hasta los 2mm. La ilustración sobre estas líneas muestra algunos tipos de líneas hechas con estilógrafos.

El estilógrafo

El estilógrafo se diseñó en un principio para trabajos muy precisos que requieren líneas rectas, reglas perfectas y, a menudo, el uso de escuadra y cartabón.

El estilógrafo es una herramienta de gran precisión y que hace ganar tiempo, puesto que no hay que sumergirlo constantemente en un tintero. El estilógrafo lleva su propio depósito de tinta, con lo cual su llenado y limpieza son muy sencillos. La fina punta en forma de filamento permite un flujo continuo de tinta y reduce al mínimo la superficie de fricción.

El estilógrafo es considerado una herramienta más fácil de controlar que una pluma de dibujar normal. Debe sostenerse perpendicular al papel para producir una óptima calidad de línea. Están disponibles con puntas de acero inoxidable, tungsteno o metales nobles, y diversos tamaños de punta. A diferencia de las demás plumas, como la de cuervo o la plumilla, cualquier punta de estilógrafo produce una línea constante.

El grosor de las líneas va desde los 0,13 mm hasta los 2 mm. (Por cierto, algunas personas las llaman "6 x 10" y "nº 7", respectivamente.) Algunas marcas conocidas de estilógrafo son: Faber Castell, Rapidograph, Staedtler-Mars, Koh-I-Noor, Pentel, Pelikan y K&E Leroy. Dado que los estilógrafos tienden a ser muy caros, es imprescindible limpiarlos con regularidad, porque si los trata bien, durarán mucho. (No ejerza mucha presión sobre un estilógrafo: podría romper o doblar la punta fina de acero.)

Cuando se utiliza un estilógrafo, el mejor papel es el liso duro prensado en caliente, que facilita la obtención de una línea limpia, nítida y precisa. Las tintas chinas especiales para estilógrafo fluyen bien y permiten hacer líneas uniformes, se secan rápidamente (las tintas impermeables no manchan ni ensucian), y producen un negro denso y opaco que da lugar a reproducciones excelentes.

La limpieza del estilógrafo

Recuerde: para obtener las mejores prestaciones de un estilógrafo, debe estar *muy* limpio. La tendencia es dejar los estilógrafos en posición horizontal después de haberlos usado, pero si se dejan así durante largo tiempo con el cartucho lleno de tinta, la tinta puede llegar a secarse y puede que la próxima vez que se utilice, no trace un línea fluida.

Las puntas de los estilógrafos son delicadas de limpiar. Si las limpia a mano, debe vigilar de no dañar o doblar el delgado filamento al sacarlo del interior de la punta. Existe un limpiador de ultrasonidos con un jabón líquido especial para tal fin. Este aparato permite una limpieza rápida y sencilla de la punta, tanto completa como desmontada. Hay limpiadores de ultrasonidos de todos los precios, así que si usa estilógrafos a menudo, considere esta posible inversión. En cualquier caso, la prevención es la mejor medicina; es mejor limpiar el estilógrafo *después* de haberlo utilizado. Así no lo tirará de rabia contra una pared la próxima vez que lo necesite.

Cualquier objeto brillante o con un acabado brillante tendrá una superficie reflectora. A la variación extrema entre el claro y el oscuro de las superficies brillante se le llama área de alto contraste. Puede ser tanto blanca como negra, posiblemente con una línea a su alrededor, a través de ella o a su lado, para mostrar la forma de un objeto. Por ejemplo, fíjese en el guardabarros derecho del Packard: el reflejo negro del faro en el guardabarros queda inmediatamente rodeado de blanco. La juntura central así como la forma curvada del guardabarros queda definida por una simple línea que fluye hacia abajo hasta las líneas horizontales onduladas; dichas líneas podrían utilizarse para indicar la forma del guardabarros, pero en este caso sólo son una indicación de los reflejos procedentes del paisaje circundante. El área blanca en la parte inferior del guardabarros representa reflejos del primer plano inmediato. Así que el guardabarros pasa de negro, en la parte superior, a blanco, y otra vez a negro en la base, habiendo sólo variaciones lineales entre dichas áreas; no aparece ningún otro valor tonal intermedio entre los blancos y los negros.

Packard
Terry Presnall
Estilógrafo n°0, tinta china impermeable, sobre papel Charrette Concept 900.
Reproducido 1,5 veces mayor al original

Técnicas básicas de dibujo

El área principal de este dibujo (el hombre y el banco de madera en que está sentado) se hizo in situ, en cuarenta y cinco minutos. El artista utilizó un bolígrafo PaperMate negro de punta fina. La gran ventaja del bolígrafo es que da buen resultado sobre prácticamente cualquier tipo de papel que se tenga a mano, exceptuando tal vez el papel de superficie rugosa, como el de acuarelas.

Un papel satinado da el mismo buen resultado que un papel con algo de mordiente. La única diferencia notable entre los dos es que el papel más texturado agarra un poco más el bolígrafo.

En la playa de Newport
Terry Presnall
Bolígrafo PaperMate negro de punta fina, sobre taco de cartulina bristol Morilla nº 188

El bolígrafo

La gran ventaja del bolígrafo como instrumento de dibujo es que siempre está a mano. Además, no sólo lleva la tinta incorporada, sino que cualquier tipo de papel acepta la tinta de bolígrafo. El flujo de tinta es instantáneo y permite hacer líneas fluidas y libres.

El bolígrafo y el estilógrafo son tan diferentes como la noche y el día. El estilógrafo debe ser sostenido verticalmente para producir una línea nítida, limpia y precisa. La línea se aplica con un movimiento lento y preciso. Además, como los estilógrafos se atascan de vez en cuando, hay que mimarlos. El bolígrafo, por su parte, es resistente, desechable y barato. Además, son fáciles de encontrar: probablemente tenga en alguna parte un cajón lleno de bolígrafos que ha encontrado o comprado o que se ha llevado distraídamente.

Se puede dibujar rápidamente una línea con bolígrafo, y éste se sujeta en una posición más confortable para la mano. La mayor desventaja es que la tinta del bolígrafo tarda más en secarse (a veces tarda hasta dos días). Así que, para evitar que su trabajo se ensucie mientras va trabajando, disponga un papel limpio sobre todas las áreas dibujadas. También puede utilizar una esquina de este papel protector para eliminar cualquier exceso de tinta que se forme en la punta del bolígrafo. De lo contrario, la tinta podría hacer una mancha sobre su dibujo y estropear la línea. Esto ocurre frecuentemente con las puntas medianas o gruesas.

El PaperMate de punta fina es el favorito para dibujar, pero el empleo de una punta media o fina dependerá del tamaño del dibujo. Para los bocetos más grandes, es precisa una punta media, y para los más pequeños, una punta fina. Lo mejor es hacer unas cuantas líneas sobre un papel cualquiera para comprobar cuál es el grosor real de la línea, porque a veces es difícil ver la diferencia entre una punta fina y otra media, aunque las pruebe.

Los sombreados hechos con pluma y tinta o con líneas de bolígrafo se consiguen con una serie de líneas verticales u horizontales, o bien con ambas, en cuyo caso se llama *tramado*. Cuanto más cercas estén las líneas unas de otras, más oscuro aparecerá el tono. La única alternativa para sombrear cuando se dibuja con pluma y tinta, es introducir un medio totalmente distinto con el que se pueda fácilmente plasmar gradaciones tonales distintas, como el grafito, el carboncillo, diversos tonos de rotuladores o aguadas de tinta.

Estudio de tres pájaros *es sólo eso, tres estudios que se dibujaron rápidamente con un bolígrafo. Todavía se ven algunas de las líneas preliminares de "construcción", ya que el bolígrafo que se utilizó era de tinta no borrable. La rapidez con que se hicieron captura la vida, el carácter y las formas básicas de los pájaros. Con el búho, se dibujó primero una línea circular que estableció inmediatamente el área de la cara y de la cabeza, luego se añadió el cuerpo (que se extendió a partir de la línea circular ya dibujada) con una serie de plumas ovaladas y rápidas. El pinzón, bajo estas líneas, fue dibujado mientras iba y venía hacia una ventana donde había un cuenco con alpiste, y las líneas del apunte son más prominentes dado su constante movimiento. El papamoscas, arriba, resultó ser un buen modelo, al permanecer tranquilo en su nido, que sólo aparece como una mera indicación. Los detalles y el tono lineal se limitaron básicamente a su cabeza y cuerpo, para así llamar y retener la atención del espectador.*

Estudio de tres pájaros
Terry Presnall
Bolígrafo Bic negro de punta fina, sobre papel Strathmore serie 300

Técnicas básicas de dibujo

Dado que un bolígrafo sólo produce líneas, sin gradaciones de tono, los sombreados deben hacerse con una serie de líneas paralelas muy juntas y con tramados, o bien introduciendo otro medio totalmente distinto, como el grafito, el carboncillo, el rotulador o la aguada de tinta. Este boceto muestra cómo utilizar líneas rápidas y holgadas para simplificar áreas. Las molestas áreas detalladas se eliminaron para así poder plasmar la forma y aspecto general que ofrecía el paisaje.

Paisaje de Maine
Terry Presnall
Bolígrafo PaperMate negro de punta fina, sobre papel de dibujo Attica

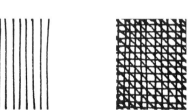

El tramado consiste en cruzar líneas para añadir valor y desarrollar tonos. En la columna de la izquierda se muestran las tres líneas básicas (horizontal, vertical y diagonal). En la columna de la derecha podrá ver el tono obtenido combinando estas líneas.

El rotulador y el marcador

Los rotuladores y marcadores han mejorado mucho desde que se inventaron, volviéndose cada vez más duros gracias a la utilización de materiales más duraderos como el fieltro, el nylon, el plástico y la espuma. Las puntas permanecen nítidas y firmes y aportan un flujo regular que permite hacer líneas de excelente calidad.

Las puntas varían en grosor y forma; las más corrientes son la punta fina para escribir y los marcadores más pesados, con puntas en cincel o en cuña, adecuados para rotular y dibujar. Los marcadores tienen diversas propiedades. Con ellos se puede dibujar, hacer rápidamente un rótulo, un anuncio o folleto a todo color. Los marcadores de la marca AD Markers tienen incluso puntas intercambiables, algunas de las cuales (las de cuña o de cepillo) se pueden cincelar y amuescar con una cuchilla de afeitar muy afilada para crear distintos tipos de líneas. Los marcadores de doble punta ofrecen la ventaja de tener una punta fina y otra gruesa en el mismo lápiz. Los marcadores de cepillo tienen una punta de espuma blanda que se puede utilizar como cepillo o como marcador.

Algunos modelos llevan tintas no solubles en agua que son permanentes y que se secan al instante. Pero estas tintas a base de alcohol se consideran tóxicas y sólo deben utilizarse en habitaciones bien ventiladas. Algunos modelos con tintas no solubles en agua y punta de fieltro son los AD Markers (disponibles en 200 colores permanentes), el Eberhard-Faber Design Art Marker, el Berol Prismacolor Art Markers (de doble punta) y el Pantone Color Markers (203 colores).

Los marcadores solubles en agua no son tóxicos y son inodoros. Algunos modelos, sin embargo, no son permanentes, y la tinta tiende a emborronarse si se pasa el dedo encima. Para evitar tal desastre, utilice el método de protección con papel mencionado en la página 27. Además, las tintas no permanentes parecen secarse más lentamente. Mi experiencia con los marcadores STABILayout 38 (con base acuosa) es que pueden tardar hasta una hora en secarse sobre el papel.

Los rotuladores y marcadores vienen en un kaleidoscopio de colores que incluyen los brillantes, los pasteles y los fluorescentes. Algunos de los modelos con base acuosa son el STABILayout y el Stabilo Pen, los marcadores Marvy, los Pentel Fine-Point Color Pens, y los Eberhard-Faber Design Chisel Point, por nombrar unos cuantos. El Faber Castell Textliner para realzar textos es una de las muchas marcas de rotuladores de colores fluorescentes. Otro de los tipos de marcadores solubles en agua es el marcador de cepillo, como el Marsgraphic 3000 Brush Marker, que tiene una punta suave, y flexible de espuma. Este modelo se puede utilizar como marcador o como cepillo, y da buen resultado para dibujar líneas, tanto finas como anchas, para dar trazos audaces y, además, es ideal para fusionar y sombrear.

Dibujé encima de mi esbozo a lápiz con un Pilot Razor Point soluble en agua para conseguir una línea negra y fina. Con un Stanford Sharpie impermeable, oscurecí el negro y las áreas de sombra del dibujo. El Sharpie es la mejor herramienta para esta tarea, debido a su punta redondeada. Produce una línea agradable, permanente y ancha, y es mucho más fácil de utilizar en las áreas más pequeñas del dibujo.

Conversación con John, el Long Rider Terry Presnall
Esbozado con un lápiz de grafito B, luego dibujado con un Pilot Razor Point y sombreado con un Stanford Sharpie sobre papel pentálico para pluma

Técnicas básicas de dibujo

Este dibujo a base de líneas se completó con un rotulador soluble en agua. Se sombreó moderadamente, con perfiles y sombras lineales (y un poco de tramado). Es agradable combinar unas líneas rápidas y fluidas (y no tener que recurrir continuamente a la botella de tinta para rellenar el depósito de tinta) con un agradable papel liso satinado.

Granero amish
Terry Presnall
Pilot Razor Point negro sobre papel pentálico para pluma

Capítulo 2
EL PROCESO DE DIBUJO

Un diálogo interno

El arte de dibujar es un misterioso acto de coordinación entre la mano, el ojo y la mente. Cada uno de ellos está sujeto a un entrenamiento y a hábitos. Para muchos estudiantes, el progreso en el dibujo consiste simplemente en deshacerse de los malos hábitos y sustituirlos por otros nuevos y útiles. Por ejemplo, ¿en qué piensa cuando dibuja? ¿Lo recuerda? Tal vez su mente divague. Tal vez no piense en nada en absoluto. Si es Ud. como la mayoría de nosotros, sin embargo, de vez en cuando mantendrá un diálogo interno mientras trabaja. Este diálogo favorecerá o bien perjudicará su habilidad para dibujar, dependiendo de cuál de los dos tipos básicos sea.

Diálogo crítico:

"Este brazo no parece real."

"Es imposible que un pie se gire de esa manera."

"Nunca dibujo bien las piernas."

"¿Por qué me cuesta tanto dibujar caras?"

Diálogo práctico:

"¿A qué se parece esta forma?"

"¿Es esta línea del hombro horizontal o ligeramente inclinada?"

"¿Es la distancia entre la rodilla y el pie mayor o menor que la distancia entre la rodilla y la cintura?"

"¿Qué "baches" tiene este contorno?"

Probablemente apreciará la diferencia entre estos dos tipos de diálogo, y estará de acuerdo en que el práctico es preferible al crítico. Aunque ya tenga el hábito del diálogo crítico, no le será difícil romperlo.

¿Hacia dónde mira cuando dibuja? ¿Mira su dibujo o su motivo? Si no está seguro, haga el experimento siguiente. Mientras dibuja, pídale a alguien que observe sus ojos. ¿Los posa básicamente sobre el dibujo o sobre el motivo? Ésta es una pregunta importante y una de las claves para progresar. Si enfoca básicamente el *motivo*, dibujará Ud. mejor que si se centra en el *dibujo*. ¿A qué se debe eso? Volvamos a los dos tipos de diálogos. Cuando se centra en el dibujo, sobre todo en las fases iniciales, está Ud. *juzgando* sus esfuerzos. Esto conduce a un estado de crítica y de autoanálisis; los elementos de su dibujo están "mal" o "no acaban de estar bien". Estará tentado en caer en la tentación de confiar en fórmulas y técnicas que ya conoce en lugar de

dibujar lo que en realidad ve. Puede que se impaciente. Cuando le hacen caso a su diálogo crítico, los estudiantes principiantes se sienten a menudo perdidos o confusos. Este diálogo les retumba en la cabeza como la tortura china del agua y al final, hace perder el placer de dibujar.

El diálogo práctico se da cuando se centra básicamente en el motivo. Es realmente un diálogo entre Ud. y el motivo, le da información sobre formas, ángulos y medidas que puede trasladar en forma de líneas sobre el papel.

Algunas veces, el diálogo interno práctico no es más que la repetición de una única palabra que describe el sentimiento que le inspira el motivo que está intentando plasmar y transmitir. Este tipo de palabra se llama *inductora*, y le ayudará a no distraerse. Repetir palabras como "angular", "agudo", "largo", "redondo", "intricado" o "erizado" mientras su mano se mueve por el papel, le mantendrá en contacto con las sensaciones que le produce lo que ve y le será más fácil crear este efecto.

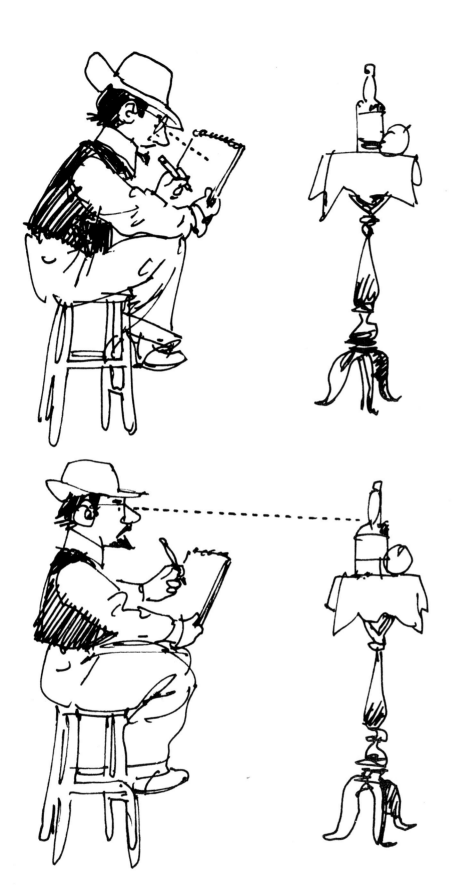

Una práctica común que reduce la eficacia del dibujo, es concentrarse demasiado en el papel y no lo suficiente en el motivo.

Sus habilidades para dibujar mejorarán sustancialmente si se concentra más en el motivo y se limita a mirar el papel para ubicar las líneas.

Observe, haga anotaciones sobre el contorno...

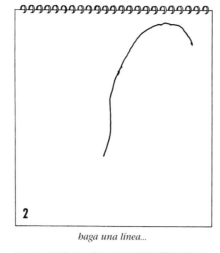

haga una línea...

vuelva al modelo...

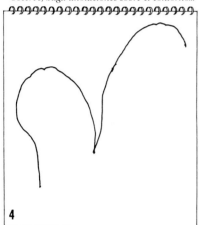

continúe con el contorno...

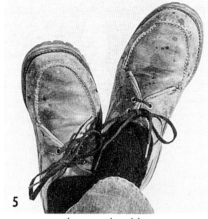

de nuevo al modelo...

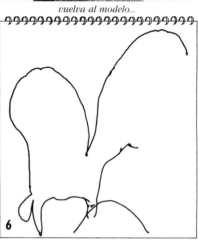

continúe dibujando mientras observa el

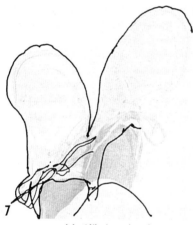

modelo (dibujo a ciegas)...

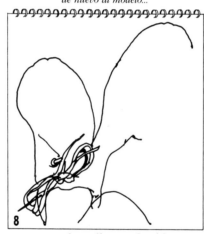

compruebe sus líneas, replantéelas...

de nuevo al modelo...

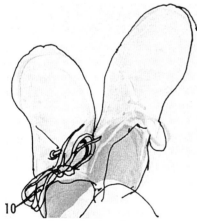

continúe este mismo proceso...

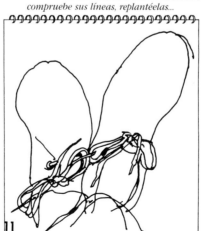

hasta que el dibujo esté terminado.

Mire, retenga y dibuje

Se puede describir el dibujo de una forma muy simple: *mire* el motivo y tome nota de un contorno o forma; *retenga* este contorno o forma en su mente durante un momento, y *dibuje* mientras lo tiene fresco en la memoria. *Mire, retenga, dibuje. Mire, retenga, dibuje.* Fíjese que no incluimos el "Piense en ello" en esta secuencia. De hecho, dibujar puede ser considerado como un proceso que suele evitar el pensamiento consciente y el conocimiento. El artista y autor Frederick Frank lo expresó así en su libro *Mi ojo está enamorado*: "La mano entera tiene que ser el sismógrafo incuestionable que anota algo, el significado de lo cual desconoce. Cuanto menos interfiera la personalidad consciente del artista, más veraces y personales serán sus trazos."

Las ilustraciones de la izquierda describen la secuencia del proceso de dibujo. Miramos el motivo, dos pies (fig. 1), anotamos un contorno de la parte superior del pie que está encima, y empezamos a trazar esta línea (fig. 2) sobre el papel. Ahora volvemos al motivo (fig. 3); calculamos dónde forma esta línea una intersección con el otro pie y la dibujamos (fig. 4). *Mire, retenga y dibuje. Mire,*

retenga y dibuje. Se establece un ritmo natural. La velocidad de su mano variará conforme varíen los contornos.

Dibujo a ciegas

Es posible comprimir el proceso de mirar-retener-dibujar en una única acción, que llamamos *dibujo a ciegas.* Cuando dibuja a ciegas, su mano sigue dibujando mientras que sus ojos permanecen sobre el motivo. Esto a menudo ocurre de forma instintiva conforme se va concentrando. Pero hasta que no se haya convertido en hábito, le conviene practicar para conseguirlo.

En la Figura 3, observamos el contorno del segundo pie. En la Figura 4, empezamos a dibujarlo. En la Figura 7, volvemos a mirar el motivo, pero *dejamos el lápiz en contacto con el papel y seguimos dibujando.* El dibujo a ciegas es un método valioso para fortalecer la coordinación entre el ojo y la mano, siendo el resultado un trazado de contornos más sensitivos. Sin embargo, se pierde algo de precisión en las proporciones, así que es mejor dibujar a ciegas por "ráfagas", intercalando el método de mirar-retener-dibujar. Es muy efectivo en las primeras fases del dibujo y cuando se empieza a dibujar.

El replanteamiento de las líneas

La mayoría de nosotros tenemos una actitud negativa en cuanto a nuestros propios errores. Para un dibujante, tal actitud no es nada útil y debe ser redefinida. El intento y el error son *esenciales* cuando se dibuja. Ud. hace líneas y las compara a los contornos de su motivo. Sin duda habrá distorsiones, algunas de las cuales querrá Ud. corregir o ajustar sobre la marcha. Podría borrar estas líneas, pero suele ser mejor dejarlas por ahora y limitarse a dibujar las líneas correctas al lado. A esto le llamamos "replanteamiento". Dos son sus ventajas: (1) No perderá, borrando, un montón de tiempo que más vale que emplee observando el motivo, y (2) el dibujo parece, de hecho, mucho más vivo y enérgico con todos estos replanteamientos. El dibujo de la izquierda es una masa de replanteamientos.

En los replanteamientos podemos ver el proceso de dibujo en pleno funcionamiento, el "sondeo" de las formas, la búsqueda de contornos más precisos, y el ajuste y corrección de líneas, conforme el artista va haciendo descubrimientos.

No se preocupe si al replantear las líneas, su dibujo parece confuso...

Técnicas básicas de dibujo

*... los replanteamientos demuestran que
dibujar es un proceso vital y cambiante.*

Ver contra conocer: un conflicto

Cuando dibuje, a menudo habrá conflictos entre lo que ve y lo que sabe. Por ejemplo, en el apunte bajo estas líneas, la cabeza del muchacho se inclinó hacia abajo, quedó "escorzada" ante nuestros ojos. El escorzo viola la visión que esperamos tener de las cosas. La cabeza está debajo de los hombros, toca la parte superior del tronco. Nuestra tentación natural, en este caso, es "hacer las cosas bien" y dibujar lo que sabemos en lugar de lo que vemos. Es importante resistirse a esta tentación. Nuestro objetivo, al dibujar partiendo de la observación,

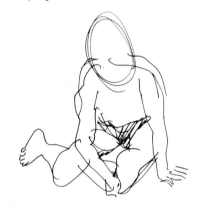

Como sabemos que la cabeza está sobre los hombros, tendemos a querer dibujarla de esta manera.

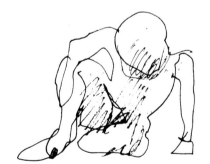

Ver de verdad significa olvidarse de la lógica y responder a lo que nuestros ojos nos dicen.

es plasmar la riqueza y variedad de la experiencia *visual*. Deberíamos dibujar, por lo menos de momento, como si no supiéramos nada e hiciéramos sólo caso a lo que nuestros ojos nos dicen que dibujemos. Ésta es la clave para dibujar de forma natural y convincente. Uno a veces oye: "¿Sabe dibujar manos (o caballos, o árboles)?". La respuesta es: No dibujamos "cosas" en absoluto, sólo líneas. Para reproducir sobre el papel los objetos que vemos, tenemos que traducir lo que vemos a un lenguaje útil, que es lo que llamamos el *lenguaje de las líneas*. Este lenguaje incluye ángulos, formas, tonos y medidas. Ningún otro lenguaje (el lenguaje de las "cosas") nos es útil ahora mismo. Cuando se intenta hablar dos lenguajes distintos a la vez, el resultado es confuso.

Ahora dirá: "De acuerdo, ya veo cómo el conocimiento de ciertos hechos sobre algo puede predisponernos a no verlo claramente, pero ¿qué hay del conocimiento de los principios del dibujo: perspectiva, anatomía, escorzo, luces y sombras? ¿No nos ayuda este tipo de conocimientos a hacer un buen dibujo?" Efectivamente, estos principios fueron desarrollados para ayudarnos a comprender lo que vemos. Pero saber ver es lo primero. Cuando las reglas entren en conflicto con lo que ve, olvídese de ellas y dibuje lo que ve. Es lo que queremos decir cuando hablamos de retener una "visión inocente". Es decir, mirar algo como si nunca lo hubiera visto antes, y no dejarse llevar por suposiciones acerca del aspecto que debe tener una cosa. Una regla simple a seguir es: Siempre que se sienta frustrado o confuso, pregúntese: "¿Qué es lo que veo?"

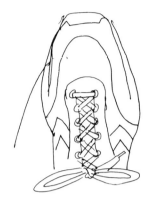

Los cordones de zapatos están dibujados partiendo del "conocimiento." Nótese el cruzado mecánico de los cordones.

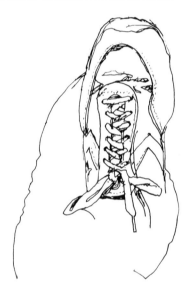

Aquí los cordones están dibujados a través de la observación. Cada cordón ha sido dibujado de forma individual. Esto requiere más paciencia, pero los resultados son siempre más interesantes y contundentes.

Técnicas básicas de dibujo

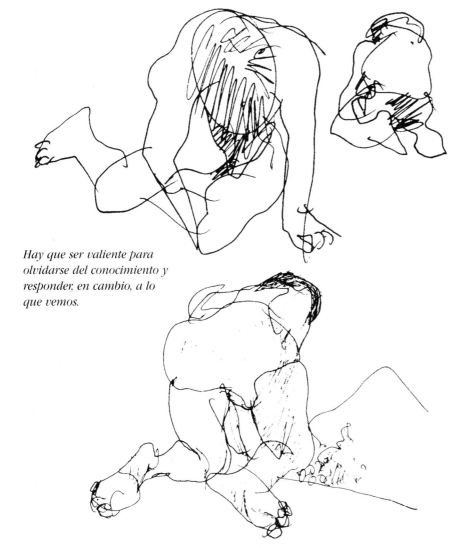

Hay que ser valiente para olvidarse del conocimiento y responder, en cambio, a lo que vemos.

Entornar los ojos

Si ha dibujado alguna vez, es probable que, en algunas ocasiones, se haya sentido agobiado por los detalles del motivo que ha elegido. Entornar los ojos es una excelente manera de simplificar su motivo y de convertirlo instantáneamente en algo manejable. Poco es de extrañar que sea un truco frecuentemente utilizado por los artistas.

¿En qué consiste?

Una de las cosas más difíciles de hacer, en dibujo, es obligarse uno a seguir con lo que dice la vista, aunque la "cosa" no parezca "estar bien". Si dibuja su propia mano vista desde un extremo, como en el ejercicio de esta página, se le creará justamente este conflicto. "Sabemos" que una mano debe tener dedos, y que dichos dedos

deben tener cierta longitud; de lo contrario, "no se ve bien". ¡No se ajusta a nuestro símbolo preconcebido de la mano! Hay que ser valiente para serle fiel a la visión, a pesar de lo que se vea. Si quiere crecer y progresar como artista, es preciso que desarrolle esta valentía.

Una vez haya terminado el dibujo de este ejercicio, estúdielo durante un momento. Si se parece mucho a una mano, es que no ha mantenido la mano justo al nivel de los ojos o que no le ha hecho caso a lo que veía. (O es que es un excelente dibujante.) Si los dedos han quedado largos, es que ha inclinado la mano mientras la dibujaba o bien que la ha dibujado basándose en el conocimiento más que en la visión. En cualquiera de los dos casos, se ha perdido el conflicto, ver contra conocer, y debe intentarlo de nuevo.

Ejercicio: la mano

Haga un dibujo de su propia mano, desde este punto de vista insólito, con la mano y la punta de los dedos mirando directamente hacia sus ojos. Insista en el contorno y detalle. Trabaje sólo con líneas, con un lápiz afilado o un rotulador de punta fina. Sujete su hoja de papel con una cinta adhesiva sobre una superficie plana delante de Ud. y sostenga la mano a unos 30 cm de sus ojos. Cierre un ojo mientras dibuja. Recuerde mirar más el motivo que el dibujo. Intente dibujar a ciegas por lo menos tres o cuatro veces durante el ejercicio. No borre. Haga dos o más replanteamientos del dibujo. Dése por lo menos 15 mm para hacer el ejercicio.

Intente mantener una "visión inocente" (dibuje exactamente lo que ve). Pero como esta visión de la mano es poco convencional, sepa de antemano que el resultado final probablemente tenga poco que ver con el aspecto que se espera que tenga una mano.

Una "manzana simbólica" dibujada de memoria.

Ver contra conocer: imágenes mentales

Siempre llevamos en mente imágenes mentales de las cosas y de su supuesto aspecto. Estas imágenes son reconstrucciones basadas en la memoria. Nos es fácil imaginarnos una patata, o un caballo o la cara de un buen amigo. A veces, tenemos la sensación de que nuestra imagen mental es un duplicado exacto de la realidad. Sin embargo, si intentamos dibujar estas imágenes mentales, nos damos rápidamente cuenta de que no tenemos, ni mucho menos, suficiente información acerca de su forma, proporción, contorno o textura para poder hacer un trabajo preciso o con carácter.

Esto podemos verlo en estos ejemplos. Las manzanas de los recuadros se han dibujado de memoria; las otras, basándose en la observación. La espectacular diferencia entre los dibujos prueba que las imágenes mentales sólo son símbolos de la realidad. Es imposible que la mente almacene toda la información necesaria para dibujar manzanas realmente convincentes. Éste es un trabajo que deben hacer los ojos: seguir cuidadosamente cada contorno, la superficie manchada de la piel brillante, las imperfecciones irregulares, el juego de las luces y las sombras. Esta información, que sólo el ojo puede aportar, puede seguirla la mano.

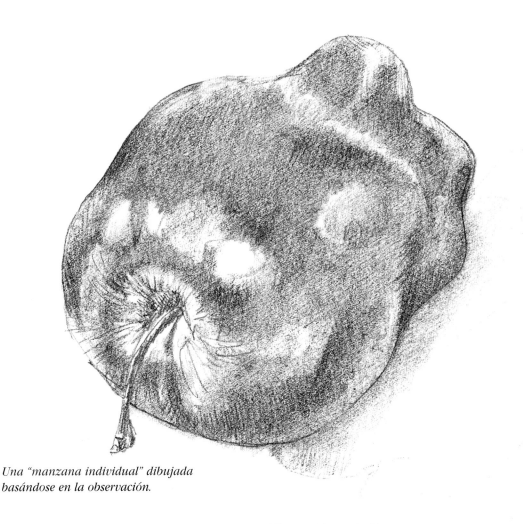

Una "manzana individual" dibujada basándose en la observación.

Técnicas básicas de dibujo

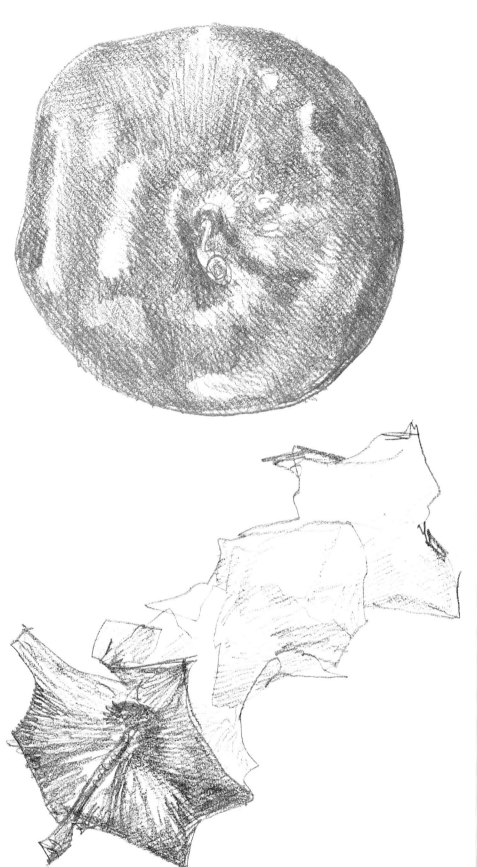

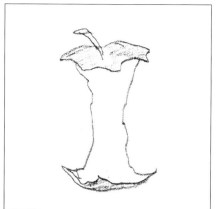

Ejercicio: Pimiento

Haga un par de dibujos de un pimiento verde. En el primer dibujo, cree una imagen mental del pimiento, y dibújelo con tanta precisión como le sea posible. Haga el primer dibujo de memoria, sin que el pimiento esté a la vista. Aporte cualquier detalle que pueda recordar. En el segundo dibujo, coloque un pimiento delante de Ud. y dibújelo, mientras lo observa, con tanta precisión como le sea posible. Utilice líneas y algo de tono (sombreado) para añadir realismo. En el segundo dibujo, intente dibujar a ciegas por lo menos tres o cuatro veces. Incluya por lo menos dos replanteamientos.

Emplee cualquier medio de dibujo y dése por lo menos 40 mn para hacer los dos dibujos. Hágalos a tamaño real o mayor.

El entornar los ojos reduce el motivo a dos o tres tonos como lo sugiere esta foto desenfocada. Si trabaja con unos cuantos tonos sólo, le será más fácil establecer un esbozo sencillo de valores.

Foto de William Arrand

Las relaciones tonales

Hacer un dibujo con todos sus tonos compensa pero es delicado. Los tonos se basan en las relaciones; es decir, los tonos parecen claros u oscuros en relación con otros tonos. Cuando se tiene sólo el blanco del papel y nada con qué compararlo, es difícil establecer las relaciones tonales.

El principiante, cuando se enfrenta a un paisaje como el que se ve a la derecha, suele empezar a tener problemas enseguida. A diferencia de la fotografía, los exteriores reales tienen una fuente de luz que se mueve, colores confusos, y carecen de bordes. Ya ve qué dificultades. Y además, hace frío.

Tras haber hecho un boceto de las formas generales, nuestro estudiante se enfrenta al problema de reproducir los tonos. Mientras tanto, las sombras van cambiando, conforme avanza el día. Audazmente, establece el primer tono e, inmediatamente, parece demasiado oscuro, porque sólo se puede comparar con el blanco del papel. Llega la duda. De hecho, suele ocurrir que este primer tono resulte ser demasiado claro, pero sin algo oscuro en el papel para establecer los limites de la gama, es difícil saber cómo graduar estos primeros tonos.

Otro problema es el de la mente fija. Como sabe que la nieve es blanca, al estudiante principiante le cuesta aplicarle algún tono para modelar. Sin embargo, un estudio cuidadoso de la fotografía revela que, de hecho, hay muy poco blanco puro en una escena de nieve. Aferrarse a una mente fija y no lograr conseguir una gama tonal lo bastante oscura hace que plasmar una escena de nieve desafiante sea casi imposible. Tener esperanzas demasiado pronto es otra dificultad más. Un dibujo con una gama tonal plena requiere un paciente desarrollo de los valores. El estudiante que busca resultados finales sin antes haber hecho el trabajo de base se desanimará. Con todos estos problemas que

lentamente se van combinando, no pasa mucho tiempo antes de que el principiante arríe velas y se vaya a casa.

No se deje agobiar por un paisaje complejo. He aquí cinco estrategias que simplifican el problema:

1. Mantenga su hoja de papel fuera de la luz deslumbrante del sol

2. Utilice la técnica de entornar los ojos

3. Utilice un visor

4. Haga un esbozo de valores

5. Desarrolle los tonos pacientemente

Al situarse Ud. de manera que su hoja de papel no quede debajo de la luz directa del sol, aminora el problema del papel tan blanco que crea contrastes exagerados. También minimizará el cansancio visual. Entornar los ojos simplifica la observación y permite captar una única vista general, cuando nuestro hábito es escanear de un lado a otro. Si mira a través de un visor (un rectángulo pequeño recortado en una cartulina blanca) con los ojos entornados, obtendrá una pauta global de tonos y podrá comparar los claros que observa con el blanco de marco de este instrumento. Quedará sorprendido por lo oscuro que son los tonos.

Entornar los ojos le ayuda a reducir los tonos a tres valores básicos: claro, medio y oscuro. Deje que el blanco de su hoja de papel se convierta en el cuarto valor; no habrá mucho en su dibujo. A continuación, "congele" esta pauta haciendo un *boceto de valores*. Un boceto de valores consiste en un

pequeño esbozo de la distribución general de estos tres tonos. Si va a invertir una o dos horas en un dibujo a toda tonalidad, le conviene aumentar sus posibilidades de éxito haciendo, al principio, un boceto de valores.

Cuando empiece su dibujo en su formato final, tenga a mano su boceto de valores para poder consultarlo. El empleo de un visor le recordará la imagen y la disposición de los tres valores básicos. Entorne los ojos para establecer sus tres tonos principales, y luego entórnelos a medias para poder discernir más tonos de la gama media. ¿Ve cómo este procedimiento va de lo general a lo específico?

Para terminar, desarrolle las tonalidades y detalles más sutiles, controlando con la mano las pautas de luces y sombras (se explica con más detalle en el capítulo tercero) y los contornos

duros y suaves. Aunque aquí se explique con una sola frase, para esta última fase tendrá que dedicar la mayor parte del tiempo. Si ha hecho bien el trabajo preliminar, esta parte será puro placer, porque su mente podrá flotar y el tiempo pasará volando. Refuerce sus oscuros con la palabra inductora "oscuro" o "negro". Si en cualquier momento se siente confuso, consulte su visor para establecer nuevas comparaciones con el blanco de su papel. No trabaje demasiado en una sola área, ya que el resto del dibujo podría no encajar con la gama establecida. De vez en cuando, dé un paso hacia atrás para tener una visión global de su dibujo. Utilice objetos de su dibujo para hacer estas comparaciones y vaya preguntándose: ¿Cuál es más oscuro? y ¿Cuál es más claro?

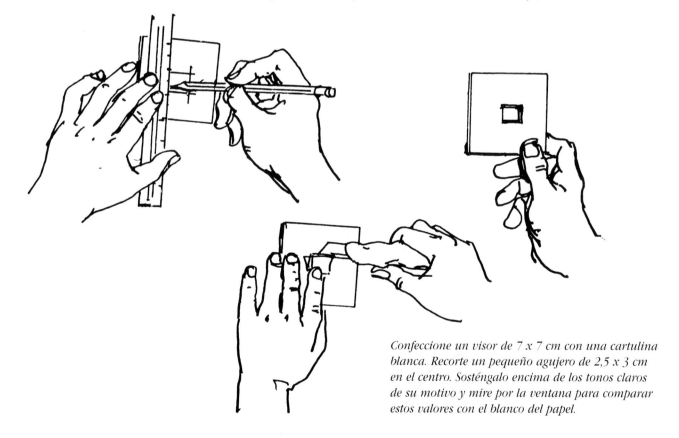

Confeccione un visor de 7 x 7 cm con una cartulina blanca. Recorte un pequeño agujero de 2,5 x 3 cm en el centro. Sosténgalo encima de los tonos claros de su motivo y mire por la ventana para comparar estos valores con el blanco del papel.

Valores locales

Pauta de luz/sombra

La pauta de valores

A partir de una fotografía

La pauta de valores

La pauta de luces y sombras no da cuenta de *todos* los tonos que se ven en un motivo. La complicación añadida es que algunos colores absorben más luz que otros. Así pues, una manzana roja es más oscura que unas uvas amarillas, y un suéter azul marino es más oscuro que unos pantalones de color tabaco. Llamamos esta característica tonal de un objeto *valor local* (*valor* y *tono* se usan de forma intercambiable). La gama tonal completa de cualquier cosa que mire (*la pauta de valores*) es, de hecho, una combinación de dos cosas: la pauta de luz/sombra y los valores locales.

Esta combinación se utiliza como sigue: digamos que está dibujando la cabeza de una persona bajo una fuerte luz directa. A efectos de dibujo, es útil ver su modelo como una distribución de formas, teniendo cada una de ellas su propio valor: claro, oscuro o intermedio. La modelo del ejemplo de la izquierda tiene la tez clara y el pelo oscuro. Esto significa que el *valor local* de la cara es claro, y que el *valor local* del pelo es oscuro, tal como se ve en la ilustración superior.

Sin embargo, debido a la fuerte iluminación, la cara y el pelo de la modelo también tienen una pauta luz/sombra definida, tal como se refleja en la ilustración del centro.

Los valores locales junto con la pauta luz/sombra crean la pauta de valores. En la ilustración inferior, vemos cómo se combinan estos dos elementos.

Observe que, a pesar de que le da tanto a la piel como al pelo, los toques de luz del pelo no son tan claros como los de la cara, debido a la influencia de los valores locales. Por consiguiente, el lado sombreado del pelo es más oscuro que el lado sombreado de la cara. Cuando la iluminación es excepcionalmente fuerte y directa, estas dos áreas parecerán tener el mismo valor, y quedarán fusionadas. Cuando la iluminación es plana y difusa, la pauta de luz/sombra desaparece.

La pauta de valores es simplemente el desglose de su motivo en formas tonales: claros, oscuros y tonos intermedios. Montamos nuestro cuadro basándonos en la pauta de valores. Esto incluye la pauta de luz/sombra, aunque no se trata de lo mismo. Bajo determinadas condiciones de iluminación (por ejemplo, iluminación plana indirecta, como la que hay en días nublados o bajo unas luces fluorescentes), no se discierne ninguna pauta de luz/sombra. En cambio, cuanto más brillante y directa sea la luz, más influencia tendrá la pauta de luz/sombra sobre la pauta de valores.

Técnicas básicas de dibujo

La pauta de luz/sombra....

más los valores locales....

A partir de una fotografía.

... se combinan para crear la pauta de valores

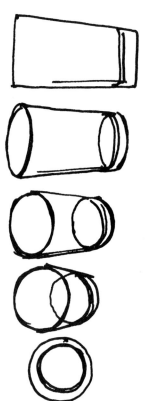

El escorzo

Escorzar es dibujar a una persona u objeto en perspectiva. En el fondo, se trata de un principio simple: cuanto más vemos del extremo de una cosa, menos vemos de sus lados. Escorzar significa dibujar lo que vemos en detrimento de algunas cosas que sabemos. A lo mejor tendrá que dibujar una persona comprimida y rechoncha, cuando Ud. sabe que es alta y delgada. Desde luego, cuando haya terminado, el dibujo se verá correcto, pero mientras esté trabajando, no lo parecerá.

Las formas escorzadas a menudo parecen absurdas. Esta extraña pequeña forma aislada en la parte superior de la página contigua no se parece a una cabeza. Si la acabase de dibujar Ud., ¿no le tentaría alterarla para hacerla más reconocible? El escorzo, sin embargo, exige que tenga fe en los que le dicen sus ojos y que confíe en que, cuando haya añadido los rasgos, terminará por tener una cabeza convincente.

Primero, encuentre el punto medio. En una figura escorzada, el punto medio casi nunca está donde se supone que debería estar. En la figura de la página contigua, el punto medio se sitúa justo por encima de las rodillas, mucho más bajo de lo que cabe esperar. Si dibujara esta misma figura vista por el extremo superior, el punto medio se situaría en la parte superior del torso.

Conforme el vaso gira hacia nosotros, vemos menor parte de sus lados. Lo mismo ocurre con la figura humana.

Técnicas básicas de dibujo

Esta forma no se parece mucho a una cabeza, pero es porque las formas parecen distorsionadas y poco familiares cuando están escorzadas.

La línea de plomada que arranca en el codo se alinea con el tercer dedo del pie derecho.

El punto medio queda más bajo de lo esperado. En este caso, está un poco por encima de las rodillas.

Ejercicio: Figura reclinada (escorzada)

Dibuje una figura reclinada desde un punto de vista decididamente escorzado. Trabaje directamente con la vista, pero vaya comprobando las proporciones conforme dibuja. El punto medio es particularmente vital en los dibujos escorzados. También le será útil localizar puntos medios secundarios. Haga mediciones comparativas por lo menos un par de veces. Trabaje con un lápiz o un carboncillo, y haga replanteamientos si es preciso. Dese entre treinta y cuarenta minutos para hacer este ejercicio.

Capítulo 3

VALORES DE LUZ, DE SOMBRA Y TONAL

La definición del diccionario para la palabra sombra es: "oscuridad comparativa debida a la intercepción de los rayos de luz". O, dicho de manera más simple, la sombra es la ausencia de luz. Sin embargo, para el artista, la sombra significa mucho más: las sombras son los bloques de construcción que le permiten crear una ilusión convincente de los elementos de su cuadro.

Imagínese una habitación con luz que proceda de todas las direcciones, con luces en el techo, en la pared e incluso en el suelo. Los muebles y objetos en una habitación así parecerían planos, carentes de una tercera dimensión, y sólo serían reconocibles gracias a sus cambios de color y valor. Desde luego, si nos sentáramos en una de esas sillas o tocáramos una mesa, comprobaríamos su existencia, pero nuestros ojos reconocerían los objetos sólo porque su color y valor cambian.

Imagínese de nuevo la misma habitación, esta vez iluminada sólo con una lámpara de mesa. Ahora nuestros ojos ven mucho más fácilmente las dimensiones de los muebles y objetos. La habitación adquiere profundidad; todo parece más macizo y comprensible. ¿Por qué? Porque las sombras provocadas por la única lámpara, la de la mesa, guían nuestro ojo, como un mapa, y nos muestra los planos de los objetos que no reciben luz. Por contraste, las áreas que captan la luz nos informan acerca de aquellos otros planos directamente iluminados. También hay otras áreas que captan sólo un poco de luz y que nos informan un poco más sobre el aspecto de algún objeto determinado.

Una de las mejores maneras de aprender a ver y a dibujar sombras es utilizar solamente *un* tono o valor. Le sorprenderá ver cuánto puede un único valor oscuro informar acerca del aspecto de un motivo. Observe el dibujo de silueta bajo estas líneas. Aunque no se han utilizado claros, reconocemos fácilmente la cara. Este tipo de siluetas decorativas fue muy popular a principios de siglo, y a menudo se hacían con papel negro recortado con tijeras. El encanto de estos dibujos reside en su habilidad para sugerir. Aunque no veamos ojos u orejas, sabemos que existen; nuestra imaginación los ubica. Hay otra cualidad de la sombra que el diccionario no menciona, y es la "magia" de las sombras. Tal como los realizadores de cine descubrieron hace años, el poder de la sugestión puede hacer que una cosa parezca mucho más real que una otra bien definida. Todos nos hemos agarrado a nuestros asientos mirando como algo estaba al acecho por las sombras en una película de terror. Es mucho más terrorífica la cosa cuando está al acecho que cuando al final la vemos en plena luz y en todo detalle.

Este mismo poder de sugestión puede utilizarlo, de manera efectiva, el artista. Rembrandt conseguía ambientes llenos de fuerza y emoción introduciendo *passages* secundarios en sombras misteriosas que sólo sugieren detalles, y reservando los claros fuertes y las definiciones claras para las áreas importantes. Las acuarelas de Andrew Wyeth a menudo parecen estudios de las áreas sombreadas de motivos fuertemente iluminados, siendo los claros el papel blanco intacto.

Mirar sombras puede, al principio, producir confusión, debido a los muchos cambios de valor que nuestros ojos ven. Una de las razones por lo cual esto ocurre es que nuestros ojos se adaptan, casi instantáneamente, a los cambios de luz. Por consiguiente, no sólo parece haber muchos cambios de valor dentro de una sombra, sino que, además, todos los valores parecen aclararse cuanto más tiempo los estamos mirando. Un remedio para combatir esto es el método de la "mirada rápida", que consiste en mirar el motivo durante unos segundos sólo, apartar la vista, y recordar los valores que ha visto. Otro método es el de entornar los ojos, con lo cual se eliminan los pequeños cambios insignificantes de valor.

Dibujo de una silueta

El moldeado de las sombras

El empleo de un único valor oscuro para todos los valores en sombra se llama *modelado*. Estudie el dibujo de la bicicleta de esta página. Todas las formas están dibujadas con un único valor oscuro del lápiz. Ninguna tiene un valor más claro o más oscuro. El resultado es no sólo una clara ilusión de una bicicleta en un porche, sino también una distribución interesante de claros y oscuros. Plantear las sombras y el diseño de la composición hubiese sido mucho más difícil si el artista también hubiese intentado hacer juegos malabares con sutiles cambios de valor. Si quisiera ahora pintar el motivo, le resultaría mucho más fácil, ya que ha quedado establecida una sólida base de sombra.

Los dibujos a lápiz como éste son valiosos ejercicios que le permiten entrenar su ojo para que éste vea simples pautas de sombras. Intente hacer varios, tanto en el interior, trabajando bajo una única fuente de luz, como en el exterior, en un día soleado, cuando las sombras quedan claramente definidas.

Dibujando sólo las masas de sombra

Formas simples y luz

Una buena manera de entender la luz y la sombra es imaginar que se enciende una luz para iluminar un objeto oscurecido. Observe el cono, la pelota y la caja, todos oscurecidos, de la izquierda. Ahora examine estas tres mismas formas bajo el efecto de una única fuente de luz. En estas tres formas, la luz, debido a que procede de arriba y de la izquierda, ilumina sólo los lados de los objetos que están más directamente vueltos hacia ella. Recuerde, la luz no puede doblar las esquinas. La caja, con sus contornos cuadrados, es la forma que mejor muestra este extremo. Cuando observe objetos a los que da la luz, es importante que tenga en mente este principio.

Las sombras proyectadas de estos tres objetos quedan formadas por los objetos mismos y variarán de tamaño en función de su ángulo y distancia en relación con la fuente de luz. Las sombras proyectadas deben ser correctamente planteadas, ya que "anclan" un objeto a la superficie sobre el cual descansa.

Trabajar bajo una única fuente de luz tiene muchas ventajas. La multiplicidad de fuentes de luz añaden tonos conflictivos y restan firmeza a las sombras.

Siluetas de formas básicas

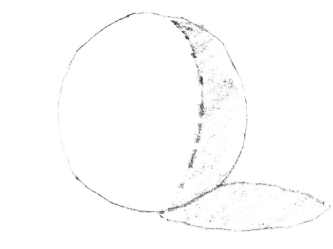

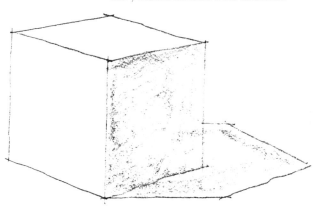

Luz que brilla sobre formas básicas

Técnicas básicas de dibujo

El diseño de las sombras

Uno de los aspectos más agradables de captar la luz es explorar los muchos diseños que se pueden manipular a partir de las sombras de un motivo. Antes de empezar a diseñar, sin embargo, tenemos que comprender unos cuantos principios básicos. Primero, las sombras describen las formas sobre las cuales están proyectadas. Fíjese en la sombra proyectada por la caja, en la figura superior. Observe cómo se desliza la sombra por el pliegue de tela sobre el cual descansa la caja. Puede pensar en una sombra como en agua derramándose sobre una superficie, con su curso dirigido por los contornos de dicha superficie. Segundo, cuando una sombra se encuentra con una forma vertical, cambia de dirección y sigue dicha forma. Estudie, en la ilustración inferior, el efecto de la sombra proyectada por la pelota y cómo se mueve hacia arriba por el cono.

Haga Ud. mismo unos experimentos. Coloque un par de objetos simples debajo de una única fuente de luz. Mueva los objetos, y vaya observando y esbozando hasta que entienda estos hechos básicos.

Al añadirles un fondo a estos tres objetos y enmarcarlos dentro de un recuadro, llegamos a la base para realizar un cuadro. El colocar objetos simples dentro de una área definida e iluminarlos sin perder de vista el diseño es el primer paso para aprender a expresar sus gustos personales. En la figura inferior de la derecha, el cono queda solapado por la caja, mientras que la pelota queda aislada. El fondo oscuro detrás de estos objetos acentúa los lados iluminados de la pelota y del cono, y la sombra del cono, detrás de la caja, acentúa sus lados iluminados. Este tipo de planificación bien merece el esfuerzo, ya que le da a la composición una unidad, una claridad y un diseño que satisfacen el ojo.

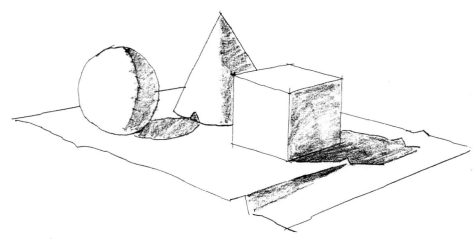

El arreglo de formas básicas

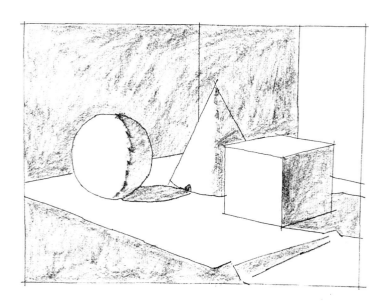

La composición de formas básicas para crear un cuadro

La dirección de la luz

Como artistas que somos, tenemos una amplia variedad de elecciones para iluminar nuestros motivos. En exteriores, el sol nos aporta la mejor fuente de luz de todas. El único inconveniente es su movimiento, lento pero constante. Esto queda compensado, sin embargo, por una profusión de variadas e interesantes pautas de sombras. Para explorar algunas de las posibilidades de iluminación de un motivo bajo la luz del sol, miremos una composición simple de una figura sentada en un campo. En cada una de las cuatro versiones de esta composición, el sol está en distintas posiciones.

La figura **A** de la página contigua muestra qué aspecto tendría el motivo al amanecer o al atardecer. El sol está encima del horizonte y toda la escena, a excepción del cielo, está en sombra. El cuadro recuerda la silueta recortada de la cabeza mostrada anteriormente. Ningún valor queda definido y, a excepción de la cabeza y del sombrero del muchacho y del follaje del fondo, ninguna de las formas es reconocible.

En la figura **B**, el sol procede de la derecha. Ahora las formas están más claramente definidas por sus sombras. El muchacho y su cesta de bayas son claramente reconocibles. Las simples luces que iluminan los arbustos del fondo le dan más definición a la escena.

En **C**, el sol está directamente encima del muchacho. El sombrero proyecta la cara, los hombros y el pecho en la sombra; sin embargo, las pocas luces que definen el personaje siguen siendo coherentes con la fuente de luz, y le dan al dibujo solidez y credibilidad.

El sol brilla desde la izquierda en **D**, justo lo contrario que en **B**. Fíjese cómo cambia el ambiente. La cara y el personaje quedan más claramente explicados mediante amplios *passages* de luz que brilla sobre ellos.

Fíjese en los ambientes en **B** y **C**. En estas escenas, el personaje parece "formar parte" del campo y del fondo, mientras que el muchacho de **D** parece algo aislado.

George Bridgman, famoso artista y profesor, dijo en una ocasión: "Cuando dibuje una figura, evite una distribución igual de luces y sombras; hágala de manera que unas u otras predominen."

Winslow Homer inspiró esta serie de ilustraciones. Sus cuadros de personajes en campos son excelentes ejemplos de cómo simplificar las luces y las sombras para conseguir formas y pautas. Aquellos que estén interesados en la iluminación de sus trabajos artísticos obtendrán grandes beneficios estudiando los cuadros de Homer.

A. *Modelo totalmente en sombra*

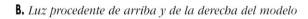

B. *Luz procedente de arriba y de la derecha del modelo*

C. *Luz que brilla justo encima del modelo*

D. *Luz procedente de arriba y de la izquierda del modelo*

La elección de un punto de vista

En muchas ocasiones, un tema puede parecer soso cuando se mira desde cierto ángulo y volverse vivo e interesante desde otro. Los esbozos del viejo camión Model T de estas páginas muestran el mismo motivo visto desde distintos ángulos. La vista que el artista eligió dibujar muestra el viejo camión en su aspecto más noble, que nos recuerda una época en que los objetos hechos a mano tenían calidez y carácter. ¿Eligió el punto de vista correcto? Para él, sí. Para Ud., quizás no lo sea. Este tipo de elecciones son lo que hacen del arte algo personal.

Una cosa que debe intentar hacer cuando se enfrente a un motivo, es olvidarse de todo lo que ha leído sobre cómo hacer un cuadro. Todas estas bien intencionadas reglas pueden crearle un mar de pensamientos confusos y conflictivos. Intente más bien sacarse todos estos pensamientos preconcebidos de la cabeza y mire, huela, toque e incluso "escuche" su motivo. Al limpiar su mente y ver como un niño, podrá empezar a conocer sus reacciones más básicas.

Andrew Wyeth dijo en una ocasión que ojalá pudiese ver el mundo que le rodea con los ojos de su perro, Rattler.

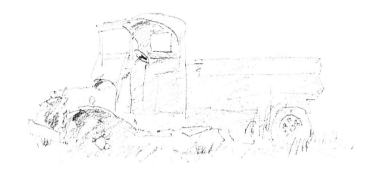

Wyeth estaba diciendo lo mismo: que la intuición es la herramienta más valiosa, y que cada uno de nosotros tiene este don. Lo único que debemos hacer es desarrollarlo.

Cuando ya está iniciada una composición y que varios problemas empiezan a surgir, su diálogo interno debería ser algo como: ¿"Por qué no da resultado este *passage*?". Si da un paso hacia atrás, podría descubrir el porqué: "Las formas de luz y de sombra son iguales, he aquí la razón, y esto no es diseñar bien. Acentuaré el lado iluminado y haré las sombras más pequeñas o menos importantes." O bien "Hay demasiada textura, mi motivo se pierde en ella. Creo que voy a restarles importancia a estas malas hierbas para darle énfasis a este viejo metal oxidado."

Le encantará saber que cuando surge un problema, se suele poder resolver con este tipo de diálogo interno de pregunta-respuesta. Todas estas reglas y principios que ha estudiado no son inútiles, después de todo. Como cualquier otra herramienta, las teorías deben ser empleadas cuando un dibujo no da resultado, para ayudar a descubrir por qué, y no para que dicten lo que tiene que dibujar. Cuando están llenas de reglas y de teorías, nuestras mentes pueden, generalmente, sacarnos de cualquier problema artístico, pero es con nuestros corazones con lo que conseguimos que nuestro trabajo cobre vida.

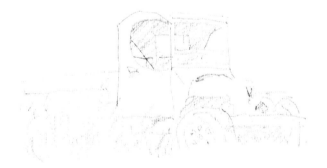

El esbozo de los valores tonales

Estudie un motivo de cerca y luego cierre los ojos. Lo que ve con el ojo de la mente es el concepto, despojado de cualquier elemento innecesario, de la misma manera que ninguna máquina debería tener elementos innecesarios. Es la esencia que debe plasmar en su dibujo: un motivo libre de detalles innecesarios, con valores efectiva y cuidadosamente ubicados. A medida que se vayan desarrollando sus habilidades, verá que dibujar es una manera rápida, portátil e íntima de estudiar, y que el lápiz es un gran maestro. Un pequeño apunte le revelará la mayoría de las decisiones importantes que deberá tener en cuenta antes de empezar un dibujo definitivo. Haga varios apuntes, desde distintos puntos de vista, y tendrá la opción de elegir el mejor planteamiento para su motivo. Podrá ubicar, con convicción y sin pérdida de tiempo, los valores en su dibujo definitivo, sin tener que hacer las revisiones, correcciones y demás maravillas a que da lugar un dibujo mal diseñado o carente de diseño.

Este dibujo fue hecho en Westport, Connecticut, para ser utilizado en una película. Se hizo in situ y se utilizó como base para una demostración de pintura fotográfica. Es útil para el artista saber si tiene o no un buen diseño antes de empezar una composición definitiva.

Ésta es una serie de apuntes hechos a bolígrafo. Permiten ver de antemano los grandes movimientos y formas. Si estas grandes áreas no están bien diseñadas, de bien poco sirve proseguir. Ninguna calidad de color o de textura podrá salvar una composición si sus formas son irreconocibles y sus valores ilegibles.

Lago de la Cascada, Wisconsin
Frank Webb
Esta escena brindaba la oportunidad de
conseguir una bonita forma de agua
blanca. La forma blanca, incluyendo su
movimiento y entrelazamientos, es el
motivo de este dibujo.

Motivo en San Diego, estudiado con
rotulador. La línea puede convenir para
un dibujo sencillo como éste, pero antes
de añadirle color a cualquier medio,
debería hacer siempre una pauta de
valores.

El estudio de las pautas de valor

Primero, busque un tema que le interese. Será mejor que le haga caso a su primer impulso, o sino se pasará la vida buscando temas mejores, sin haber hecho una sola línea en su hoja de papel.

Para este estudio preliminar de pautas de valores, puede emplear varias herramientas. El lápiz de grafito es uno de los más comunes. Utilice uno blando, como el 6B. El carboncillo de sarmiento utilizado con un lápiz de carboncillo permite hacer trabajos espléndidos, si le gustan los dibujos de gran formato. Hay rotuladores grises, además de negros. Y si añade una aguada de acuarela monocromo, podrá acelerar el proceso de encajado de valores.

Haga un marco en su papel de dibujo, de unos 12 x 18 cm o menos. La proporción de este marco debe estar acorde con el formato elegido. No se limite a utilizar el borde del papel como recuadro. Es mejor hacer un marco especial que revele clara-mente las formas planas de mayor tamaño. Los valores pueden emplear-se directamente en el dibujo.

Como procedimiento alternativo, empiece con un carboncillo de valor medio, utilice una goma moldeable para levantar blancos, y termine con valores oscuros.

Asignacion de los valores

Dado que los blancos son tan importantes, determínelos primero y ubíquelos bien, para que no estén en el centro ni demasiado cerca de un borde. Los blancos generalmente hay que inventarlos, ya que no existen y no se pueden copiar. Para que este blanco tan importante dé una lectura correcta, el paso siguiente es rodear el blanco bien definido con uno o dos valores medios. Finalmente, se determinan estratégicamente los oscuros y se ubican de modo que realcen los blancos. Las formas, tamaños y direcciones de estos valores deben ser su creación. Intente combinar las formas oscuras y blancas. Si tiene varios blancos (u oscuros), varíe sus tamaños, haga uno de ellos más grande, cámbie-los de posición y altérnelos. Intente garabatear sus valores medios en una dirección vertical. Esto acentúa la pauta plana y elimina los movimientos en profundidad que se crean si se dan trazos inclinados.

Muchos estudiantes se saltan el paso de las pautas de valores, porque no ven, literalmente, los valores cuando miran algo a pleno color. Dice Joseph Albers: "Muy poca gente es capaz de distinguir la intensidad de la luz más alta o más baja entre distintos colores." Los estudiantes que trabajan en exteriores suelen "esbozar" con perfiles, haciendo caso omiso de los valores medios. A menudo, también dejan grandes áreas blancas en el cielo y en el primer plano. Estas grandes extensiones de blanco impiden que el estudiante vea el conjunto.

En cualquier motivo natural, el ojo, al principio, suele ser engañado cuando percibe una pequeña mancha de claro dentro de otra oscura, o una mancha oscura rodeada de claro. El estudiante tiende a exagerar este contraste, mientras que el profesional lo reduce.

Éstos son los únicos valores que necesita en un esbozo de pautas. Sólo hay cuatro. Dado que cada uno de ellos varía de un valor, más o menos, durante la ejecución, es importante que los mantenga simples y separados. No permita que sus blancos queden tan emborronados que se confundan con los valores medios. Esto también es válido para los demás valores.

(Arriba y centro) *Estos dos estudios de una azucarera se hicieron con una rotulador de punta fina. Para el segundo, se probó una iluminación alternativa. Uno de los inconvenientes, cuando se utilizan rotuladores de punta fina, es que reproducir los valores resulta laborioso.*

(Abajo) *Para estudiar las pautas de valor de esta mina de oro en Colorado, se utilizaron un rotulador negro de punta fina y una aguada de sepia. Un estudio así puede indicarle si un diseño dará buen resultado antes de que esté inmerso en una ilustración. Si fracasa en la preparación, prepárese para fracasar.*

Técnicas básicas de dibujo

(Derecha) *Tienda de pueblo en Long Island, oficina de correos y barco cubierto, dibujados con un rotulador de punta fina. Un dibujo así puede ser utilizado como base, es decir que se puede colocar encima un papel de calco para probar combinaciones de valores.*

(Abajo) *Se utilizó un rotulador medio seco a modo de lápiz para crear valores. La dirección vertical de los trazos no responde a ningún amaneramiento. De alguna manera, los garabatos verticales le ayudan a pensar en pautas planas. Si da trazos inclinados, parecerán sugerir direcciones de planos y de movimientos en profundidad, lo cual no es necesario en estudios de valores.*

Capítulo 4
EL ESBOZO EN EXTERIORES

Aunque es importante aprender a ver "la imagen en su totalidad", la naturaleza ofrece una profusión de pequeños detalles que bien merecen su atención. Una de las cosas más agradables cuando se dibujan detalles naturales es su disponibilidad. No tiene que irse de vacaciones a un lugar exótico par encontrar temas que dibujar (aunque también es cierto que es un gran placer). Los motivos abundan a su alrededor: mire por su jardín, su terraza o en el parque municipal. Fíjese en las plantas en su ventana; esté al acecho de cualquier detalle de su vida cotidiana.

Para elegir su tema, mire lentamente a su alrededor. Fíjese en todo, pero no elija nada todavía. Luego, cierre los ojos. Algo le vendrá a la mente. Algo que le haya impresionado. Responda a ello en su imaginación. ¿Por qué le ha afectado este tema en particular? ¿Qué le llamó la atención? ¿Qué le hizo reaccionar? Quizás fue simplemente algo especialmente bello, una chispa de vida o de movimiento. Quizás le atrajo un ángulo particular, un juego de luces y sombra.

Haga un esbozo si quiere, pero no es necesario que haga un dibujo completo; limítese a dejar que su lápiz

explore lo que Ud. ve. Ni siquiera piense que se trata de un esbozo preliminar para un futuro dibujo más detallado (aunque puede que llegue a serlo); haga un esbozo por hacerlo. Este tipo de estudio infantil puede llegar a producir trabajos satisfactorios. Cuando *dibuje*, tómese el tiempo de reaccionar, y aprenderá a ver lo que tiene delante.

Cuando salga al exterior a "cazar" temas, llévese su visor. Mire a su alrededor, de cerca y de lejos, hacia arriba y hacia abajo. Acérquese tanto como pueda, apunte hacia un tema y aíslelo de la maraña confusa que lo rodea.

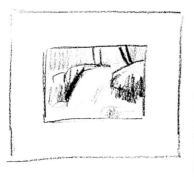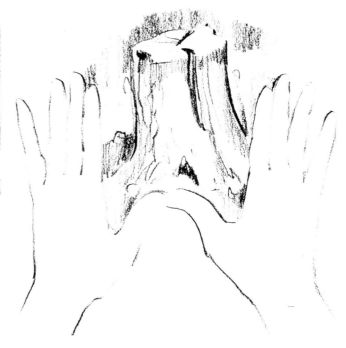

VISOR

Si prefiere un planteamiento más concreto para buscar temas, pruebe con estos trucos. Hágase un visor recortando un marco rectangular en el centro de una cartulina (como queda explicado en la página 43), o bien utilice el marco de una diapositiva. Lléveselo cuando salga a "hacer prospección".

Si se le olvida el visor, utilice las manos para "enmarcar su toma"; colóquelas tal como muestra el dibujo, como un director de cine. Es un buen truco, y además ¡no tendrá que preocuparse de si se deja las manos en casa!

Técnicas básicas de dibujo

Sin un marco, estas rocas en la orilla de un arroyo podrían haber resultado demasiado confusas para ser contenidas en un esbozo. Utilizar un marco le ayudará a pensar en términos de composición.

Tenga en cuenta distintos planteamientos. Cuando su visor aísle una composición, elija un formato (apaisado o vertical), edite lo inútil, y encuentre una joya.

Tal vez quiera que sus esbozos queden incluidos dentro de un recuadro. Antes de empezar a dibujar, dibuje en su página un rectángulo de proporciones agradables y luego haga sus esbozos dentro de estas líneas. Esto le ayudará a trasladar lo que ve por el visor al plano del papel. Utilizar recuadros también le ayudará a pensar en términos de composición.

Hasta su cámara puede serle útil para aislar una composición. Tanto si toma finalmente una foto o no, el mero hecho de mirar por el visor de una cámara reflex le ayudará a ver y a organizar, de forma espacial, los elementos de un paisaje.

También puede utilizar su cuaderno de dibujo como visor. Los bordes del papel forman unos límites naturales; imagínese el esbozo en el papel antes de tocar el lápiz. A algunos artistas les gusta hacer primero diminutos apuntes, de no más de 3 x 6 cm.

Otros hacen "líneas fantasma" sobre el papel sin llegar de hecho a marcarlo, para tener de antemano una idea de lo mucho o poco que podrá incluir. Imagínese su formato, *vea* el visor en el espacio delante de Ud., y dibuje lo que en él queda contenido.

No se olvide de mirar más el motivo que el papel. Céntrese en lo que ve, y no se preocupe demasiado por lo que plasma sobre el papel; una relación motivo-dibujo de 3 a 1 es más o menos correcta (céntrese tres veces más en su motivo que en su dibujo). Posteriormente, podrá retocar su esbozo tanto como que quiera. Cuando haya pasado algún tiempo dibujando detalles de la naturaleza, aprenderá a ver por todas partes; es sólo cuestión de práctica, de saber ver desde una nueva perspectiva.

No se olvide de divertirse. Busque las indirectas y sugerencias de la naturaleza; exagérelas; utilice la imaginación. Cuando se hacen estudios de valores y de composición, no es preciso hacer esbozos fieles o dibujar exactamente lo que se ve. *Ud.* es el artista; no dude en ser un poco juguetón.

El cuaderno de dibujo como herramienta

Uno de los artículos favoritos e indispensables es el cuaderno de dibujo. Es donde se planifican futuros trabajos, es un diario, un cuaderno de ejercicios, y es una herramienta de aprendizaje. En sus páginas puede dejar constancia de sus actividades diarias o explorar nuevos territorios. Puede experimentar con estilos, formatos, valores, temas, e incluso medios: lápices de colores, rotuladores, incluso aguadas de acuarela. ¿Quién ha dicho que sólo se puede utilizar lápices o carboncillos para dibujar?

Es muy importante que tenga su cuaderno de dibujo *a mano*. Le convendrá tener cuadernos de distintas medidas para uso general. En el estudio, le vendrán bien los de tamaño DIN A4 o más. Puede utilizar cualquier parte de la página o la página entera para un único dibujo, combinar dibujos, o aislar un esbozo con un recuadro.

Cuando salga a caminar o cuando vaya en coche por la carretera, pruebe con un cuaderno en DIN A5, con tapas duras que resistan los rigores del uso al aire libre. Los cuadernos de tapas duras tienen un papel más ligero que el que llevan los cuadernos con espiral u otros bloques, pero como son tan versátiles, muchos artistas siguen prefiriéndolos para la mayoría de los casos. Los de mejor calidad tienen un buen mordiente, un pH neutro (ni ácido, ni alcalino) y una textura agradable. Antes de comprar, *mire* y sienta la superficie de papel; algunos cuadernos pueden contener papel de calidad inferior.

Los cuadernos de menor tamaño son fáciles de transportar (si quiere, ¡hasta le cabrán en el bolsillo y le dejarán libres las manos si tiene que escalar!) y son menos voluminosos que los tacos grandes encuadernados con espiral. Es más difícil que asuste a los animales silvestres que pretende esbozar abriendo un cuaderno pequeño de tapas duras que pasando ruidosamente las hojas de un gran cuaderno. (En el caso que dibuje en público, también pasará más desapercibido tomando "notas" en un cuaderno pequeño.) "Siempre preparado" es un buen lema tanto para los artistas como para los Boy Scouts.

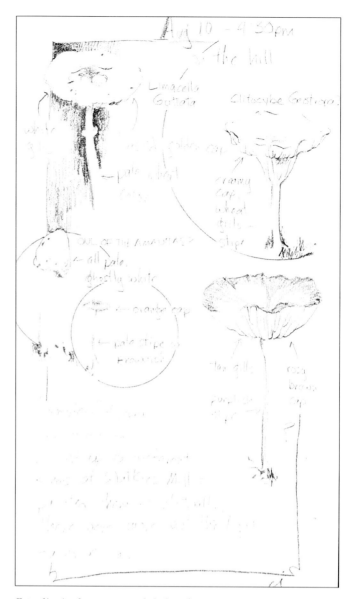

Este diario de campo y el de la página contigua muestran el tipo de notas que toman los artistas para acordarse de escenas y circunstancias. Los bocetos y notas ayudaron al artista a identificar la mayoría de estas setas con la ayuda de guías de campo, en casa, e incluyen notas acerca de cuándo se las puede encontrar de nuevo, y bajo qué condiciones climatológicas.

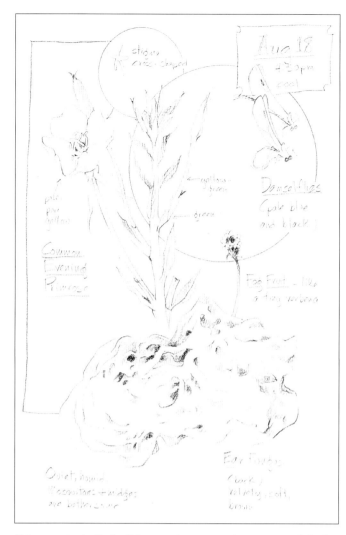

Este apunte de Cathy Johnson tiene un enfoque general. Inclu-ye insectos, flores, y abajo un hongo, así como pequeñas notas que ayudan al artista a recordar algo más que los elementos visuales.

Bocetos de campo

Los bocetos de campo tienen que ver con el *aprendizaje* tanto como con el dibujo. Estos bocetos suelen llevar notas, siempre se hacen in situ, y son extremadamente útiles para plasmar detalles que serán posteriormente incluidos en trabajos completados en el estudio. Para dibujar con exactitud y sentimiento, hay que comprender la naturaleza y *amarla*. Una obra sin pasión sobre un tema de la naturaleza deja al espectador preguntándose por qué se molestó el artista en hacerla. Los bocetos de campo nos *involucran* en la naturaleza. Primero nos conocemos, después nos convertimos en amigos y luego en amantes. Eso no puede dejar de verse en nuestras obras.

Puede incluir notas sobre otros hallazgos que no se muestren en sus bocetos; haga relaciones de plantas silvestres en flor, o de los pájaros que ha visto u oído. Anote sus sentimientos y haga mención del tiempo. Le convendrá tomar nota de la hora del día, de la fecha, de las condiciones climatológicas y del lugar como parte de sus bocetos de campo. Estas notas pueden llegar a convertirse en cápsulas de tiempo en miniatura: sus apuntes sobre hábitats, detalles de la naturaleza y notas escritas, le transportarán instantáneamente a aquel lugar y en aquel momento. ¿Cómo podrá eso ayudarle cuando esté, más tarde, dibujando una escena específica? Muy sencillo: al evocar un sentimiento, estas notas detalladas provocarán una reacción emocional que le ayudará a expresar su estado de ánimo mientras dibuja.

En otras ocasiones, en lugar de tomar notas de cuánto ve en su entorno inmediato, concéntrese en una sola planta o animal. Si se centra en una planta silvestre y la aísla, por ejemplo, podrá adentrarse en su ciclo vital, comprender su brotación y floración. Los ilustradores botánicos a menudo incluyen dibujos del brote, de la planta, de la flor, de la vaina de la semilla y de las semillas individuales.

En una ilustración de paisaje, no es importante tanta precisión; en un paisaje concreto, los detalles *se convierten* en su tema. Los bocetos de campo le ayudan a ver estos detalles y a recordarlos para *luego* describirlos fielmente, o de forma abstracta si así lo prefiere.

Los estudios de detalles

Quizás quiera dibujar o hacer bocetos de detalles para utilizarlos posteriormente. Por naturaleza, un boceto es rápido y no incluye demasiados detalles. En un boceto global del tema que pretende dibujar, se centrará más en el formato, el valor, y la composición. Para poder "recuperar" su tema tal como es, quizás le convenga dedicar una parte de la página (o una página aparte) a un detalle en concreto. Aunque su trabajo terminado no lleve tanto detalle, por lo menos tendrá material de investigación a partir del cual dibujar.

En el mejor de los casos, la memoria juega malas pasadas, así que las notas ayudan a fijar estos detalles en nuestra mente para que esta información sea utilizable. Cuando tome notas sobre colores y detalles, sea tan específico como sea necesario.

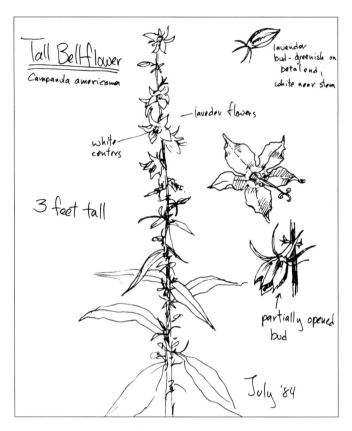

Este boceto más bien botánico de esta alta campanilla se completó en una sola sesión, por lo que no incluye fases anteriores o posteriores del crecimiento de la planta. Eso podría ayudar al artista a comprender mejor las fases de brotación y floración.

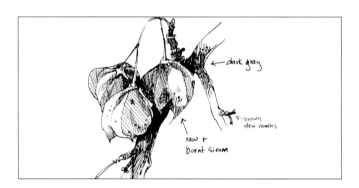

Este boceto detallado de alquequenjes dan información clara y concisa acerca de la estructura de estos frutos parecidos al papel y de cómo crecen en el tallo. De haber estado incluidos en una obra de mayor tamaño, se hubiese podido plasmar las formas más correcta y convincentemente.

Esta pequeña cascada (en realidad una presa de castor en fase de construcción) da buen resultado en formato apaisado. Vista desde otro ángulo, o estando más cerca o directamente al lado de la presa, podría quedar mejor un formato vertical.

La composición

El cuaderno de dibujo es el lugar perfecto donde planificar el formato y la composición. ¿Se presta más su tema a un formato apaisado o vertical? Algunas veces, las respuestas son obvias, pero en otros casos, dependerán de su estado de ánimo y de sus intenciones. Un formato apaisado denota a menudo un ambiente sereno, bucólico. A menudo pensamos en los temas panorámicos en este formato, pero en los paisajes intimistas, nuestros "panoramas" son bastante pequeños. Aun así, es un formato práctico; piense en el *Día de mayo* de Andrew Wyeth, un precioso cuadro pequeño de flores silvestres sobre un fondo oscuro.

No se sienta incomodado por todo lo que ya ha sido hecho; los formatos no tienen por qué venir determinados por las proporciones de una hoja de papel. Un apaisado extremo tal vez exprese mejor el ambiente de uno de esos diminutos panoramas; un estrecho formato vertical tal vez exprese mejor el impacto de una alta y esbelta flor. Incluso es posible que quiera Ud. desmarcarse de las formas tradicionales. (Algunos artistas eligen un formato circular, lo cual puede ser muy efectivo.) El formato vertical no sólo da buen resultado para plasmar un motivo alto o esbelto (un sólo árbol, una flor, una garza zancuda), sino que también puede ser más sorprendente. ¿Qué es lo que le pide el tema? Pruebe ambos formatos con su visor para ver cuál da mejor resultado.

Los bocetos de composición deberían ser algo más que simples ejercicios académicos; incluso pueden ser divertidos. La regla del Término Medio para distribuir la composición es antigua: se dibujan unas líneas para dividir la altura y la anchura en tercios y se sitúa el centro de interés en una de las intersecciones. Existe una alternativa que consiste en situar simplemente el centro de interés un poco descentrado, sin preocuparse de medidas exactas. La ubicación del motivo, cómo guía éste el ojo por el plano del cuadro, las repeticiones y variaciones, todo ello desempeña un papel dentro de la composición. El pequeño boceto de la presa de castor, sobre estas líneas a la izquierda, utiliza el arroyo como elemento de diseño para guiar el ojo por el cuadro; la diversidad de formas y tamaños y los ritmos dispares de los árboles verticales detienen el ojo aquí y allí para evitar que la atención del espectador se distraiga demasiado pronto.

El espacio negativo es uno de los elementos de composición favoritos. Estas áreas de "*no*-tema" pueden crear (o romper) su composición; varíe sus formas y hágalas interesantes; no sólo le ayudarán a dibujar de forma más precisa, sino que también le brindarán al ojo un lugar agradable donde descansar.

Ocasionalmente, intente entrar su motivo; las reglas han sido hechas para ser quebrantadas, y la regla del Término Medio no es una excepción. Ya se han encargado de ello los artistas del siglo XX. Un motivo botánico da buen resultado con una composición centrada. Sigue siendo importante, sin embargo, que varíe las formas y tenga en mente estos espacios negativos.

Formas sinuosas

En la naturaleza abunda este tipo de formas. No busque sólo enredaderas que trepen como serpientes o cuelguen como macramés, sino también otras formas.

Intente hacer bocetos rápidos de estas formas elegantes para entrenar su ojo. La naturaleza odia repetirse (piense en los copos de nieve o en las huellas digitales), así que la unicidad de cada una de las formas asegura una interminable fuente de ideas. Demasiados principiantes recurren a una especie de "taquigrafía" fácil: un árbol es una forma, una mata de malas hierbas es otra, una roca es otra más. Pero no es tan sencillo (ni tan aburrido) como todo esto; la "taquigrafía" puede ser útil para dibujar, pero no puede sustituir la observación detallada.

Se incluyeron, en este boceto de diario de campo, estas enredaderas trepadoras de hiedra venenosa con sus raicillas aéreas parecidas a una cabellera. Aunque nunca salga una ilustración completa de este tipo de bocetos, ir entrenando el ojo y la mano no tiene precio.

La dinámica de la diagonal
y los espacios negativos

Los bosques centenarios son una mezcla de árboles viejos, árboles jóvenes, troncos pudriéndose, cepas y raíces de árboles expuestas. El gran árbol caído que se muestra aquí parecía querer alcanzar algo en el cielo, después de haber pasado décadas buscando la humedad y los elementos nutritivos de la tierra.

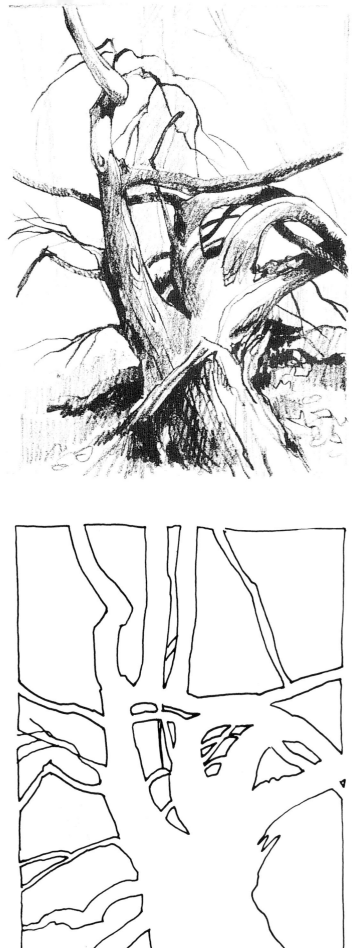

(Sobre estas líneas) *Para esta obra, la artista Cathy Johnson probó varios formatos; los dos más prometedores se muestran aquí. La artista encontró el formato apaisado con la dinámicas de las diagonales lo bastante interesantes para que se convirtieran en el tema de una obra posterior, pero pensó que el formato vertical, al ser más efectista, expresaría mejor la sensación que quería crear.*

(Derecha) *Este motivo es rico en espacios negativos. Para asegurarse de que los había variado lo suficiente como para mantener el interés y la credibilidad, Johnson hizo un estudio de los espacios negativos a rotulador, y se sintió satisfecha con el resultado. Procedió a trasladar el boceto a un hoja de papel más grande, utilizando un sistema de cuadrícula modificado para asegurarse de que no se dejaba ninguna forma interesante. La cuadrícula la hizo en una hoja de papel translúcido que fijó con cinta adhesiva al boceto. Esto le permitió ver el boceto y conservar las formas intactas.*

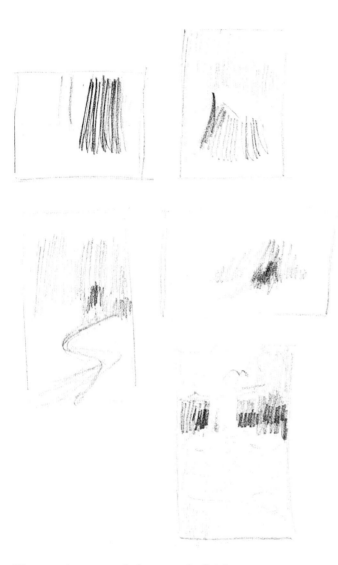

Mire estos bocetos casi abstractos de distribución de claros y oscuros y de composición. Algunos siguen la regla del Término Medio y otros no. La composición tradicional es a menudo el camino más seguro. Si las reglas no le permiten expresar lo que quiere, no dude en experimentar y quebrantarlas, si así lo desea.

Organice los valores para conseguir profundidad, efecto y composición

Utilice la luz y sus efectos para organizar el plano de su cuadro. Los apuntes le ayudarán a planificar su composición, a organizar la dinámica de sus diagonales, y a considerar cómo crear una ilusión de profundidad. A menudo, una simple relación de un tercio de luz contra dos tercios de sombra, o viceversa, dará buen resultado si la composición esté bien planificada. Busque nuevas maneras de llamar la atención sobre su centro de interés; colóquelo alto o bajo, o más descentrado; puede tratarse de un simple rayito de luz en medio de una gran área oscura.

Las fuertes pautas de valor de un dibujo bien planificado hacen mucho más que darle un aspecto agradable: guían el ojo del espectador hacia el centro de interés elegido, le ayudan a desplazarse por el plano del cuadro, dan una sensación de profundidad y de volumen, y permiten que su cuadro cobre vida. Éstos son los efectos de la luz, tanto en la vida real como sobre su papel.

Los cambios de la luz

Estudie la luz conforme va cambiando a lo largo del día. Quizás no sepa cuál es el mejor momento para dibujar su tema hasta que lo haya visto bajo todas las luces, o hasta que esté lo bastante familiarizado con los efectos de la luz para poder elegir. Los rayos inclinados del amanecer y del atardecer son impactantes; el sol del mediodía es fantástico para los perros rabiosos y los ingleses, pero es demasiado plano para dibujar. Un cielo nublado aporta una sutil iluminación general; las nubes suavizan la luz, de la misma manera que lo hacen los reflectores en paraguas de los fotógrafos retratistas. La iluminación perimétrica o un contraluz pueden aportarle justo aquel efecto que quería; haga apuntes para explorar las posibilidades, y decida después cuál es el mejor para su tema. Tal vez le convenga dibujar el mismo tema bajo varios tipos de luz.

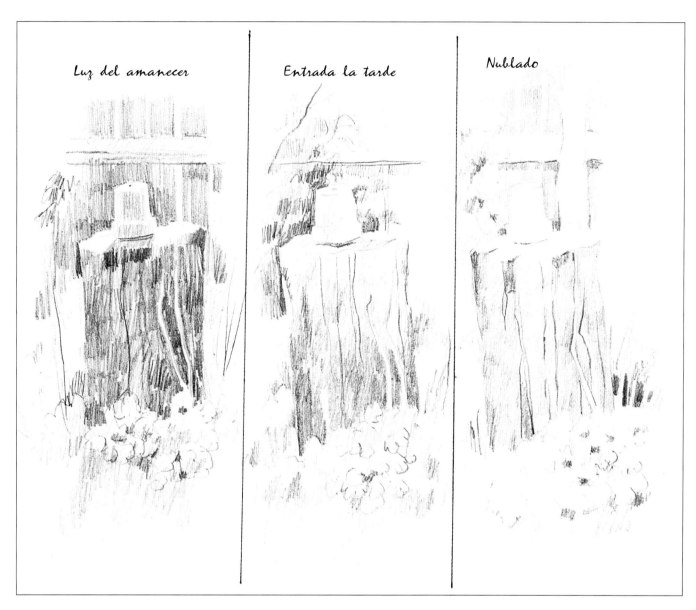

Luz del amanecer

Entrada la tarde

Nublado

Estos bocetos son de la cepa de un viejo ciruelo al amanecer, entrada la tarde, y con un cielo cubierto y con neblina. ¿Cuál encaja mejor con su estado de ánimo?

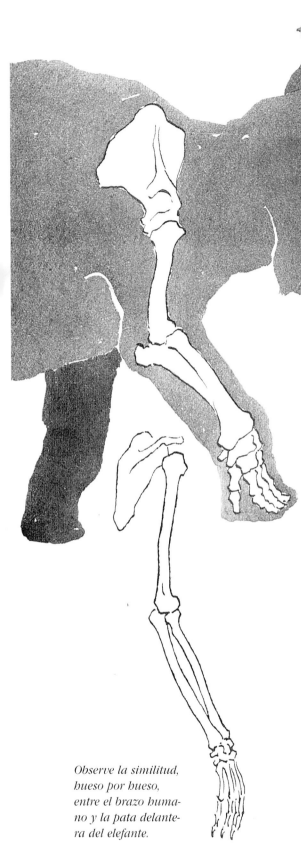

Capítulo 5
CÓMO DIBUJAR ANIMALES

Dibujar animales es un placer. A la mayoría de ellos no les falta personalidad, y pueden ser tan interesantes de interpretar como las personas. Los humanos, por supuesto, son los animales con los que más familiarizados estamos y con los que mantenemos contacto con regularidad. Físicamente hablando, los mamíferos (incluyendo los humanos) tienen mucho en co-mún. Si bien varían considerablemente en proporción y en conformación, los esqueletos de los mamíferos coinciden notablemente en términos de hueso por hueso.

Los animales del zoo

El elefante, por ejemplo, tiene un húmero, un radio y un cúbito en sus patas delanteras, al igual que nosotros en los brazos. Existen similitudes comparables en todos los animales, no importa lo grandes o pequeños que sean. Las diferencias de proporción tienen que ver con el modo de vida de un animal en su entorno particular.

Nosotros tenemos dedos y manos, mientras que otros animales pueden tener pezuñas. Ocurren muchas otras adaptaciones al entorno. El brazo y la mano de una ballena se convierten en aleta, pero la mayoría de sus huesos restantes son iguales que los de los seres humanos.

Un estudio de anatomía comparada como éste podría llevarnos lejos. Para nuestras necesidades inmediatas, sin embargo, sólo es preciso que sepa que tales similitudes existen y que sus dibujos deben reflejar que es consciente de ellas.

Dése una vuelta por el zoo para practicar de verdad. Dibujar animales mientras se mueven requiere tanto práctica como paciencia. Dado que un animal se va moviendo, es a menudo cuestión de hacer un apunte de la pose y luego de desarrollarlo por partes conforme se repitan ciertas partes de la pose.

Es mejor que se limite a un solo animal hasta que esté lo bastante familiarizado con su forma para poder hacer un rápido dibujo gestual que plasme sus movimientos, proporciones e identidad. Cuando ya lo haya conseguido, le será mucho más fácil hacer bocetos más estudiados, aunque el animal esté siempre en movimiento.

Dibujar animales es una de las mejores maneras de desarrollar su habilidad para observar y dibujar.

Observe la similitud, hueso por hueso, entre el brazo humano y la pata delantera del elefante.

Técnicas básicas de dibujo

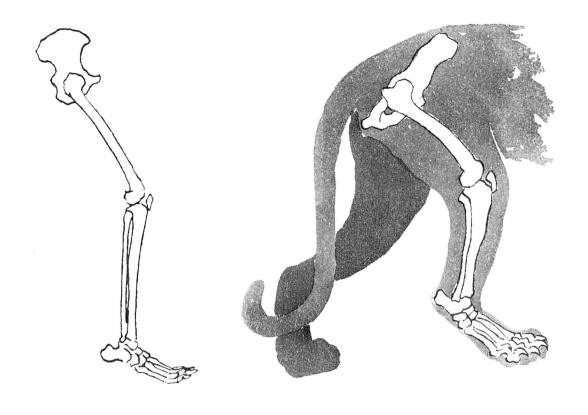

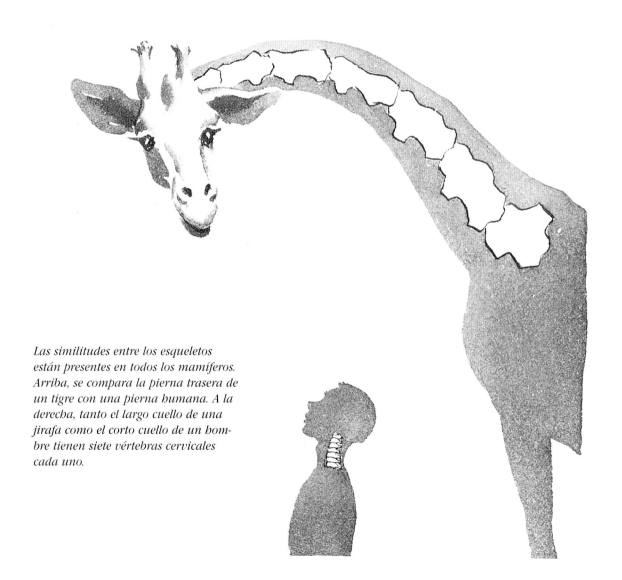

Las similitudes entre los esqueletos
están presentes en todos los mamíferos.
Arriba, se compara la pierna trasera de
un tigre con una pierna humana. A la
derecha, tanto el largo cuello de una
jirafa como el corto cuello de un hombre tienen siete vértebras cervicales
cada uno.

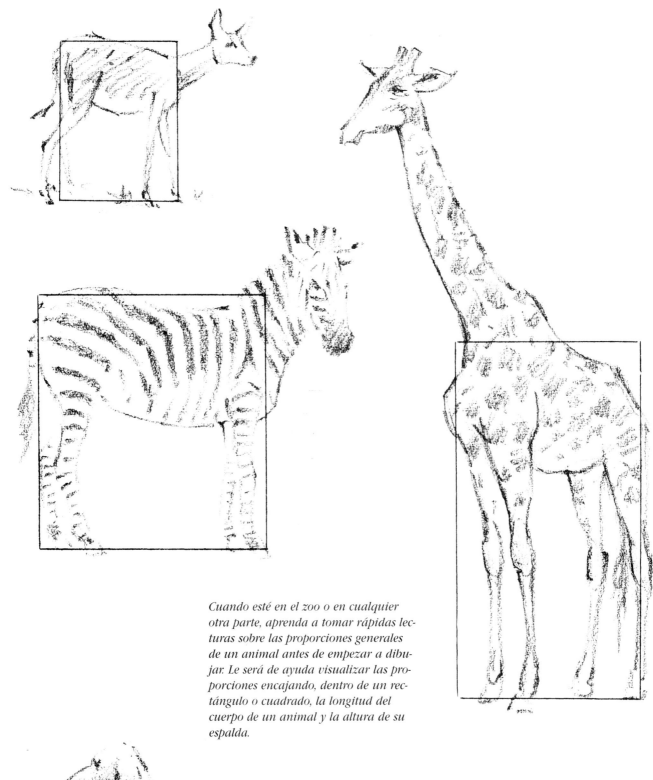

Cuando esté en el zoo o en cualquier otra parte, aprenda a tomar rápidas lecturas sobre las proporciones generales de un animal antes de empezar a dibujar. Le será de ayuda visualizar las proporciones encajando, dentro de un rectángulo o cuadrado, la longitud del cuerpo de un animal y la altura de su espalda.

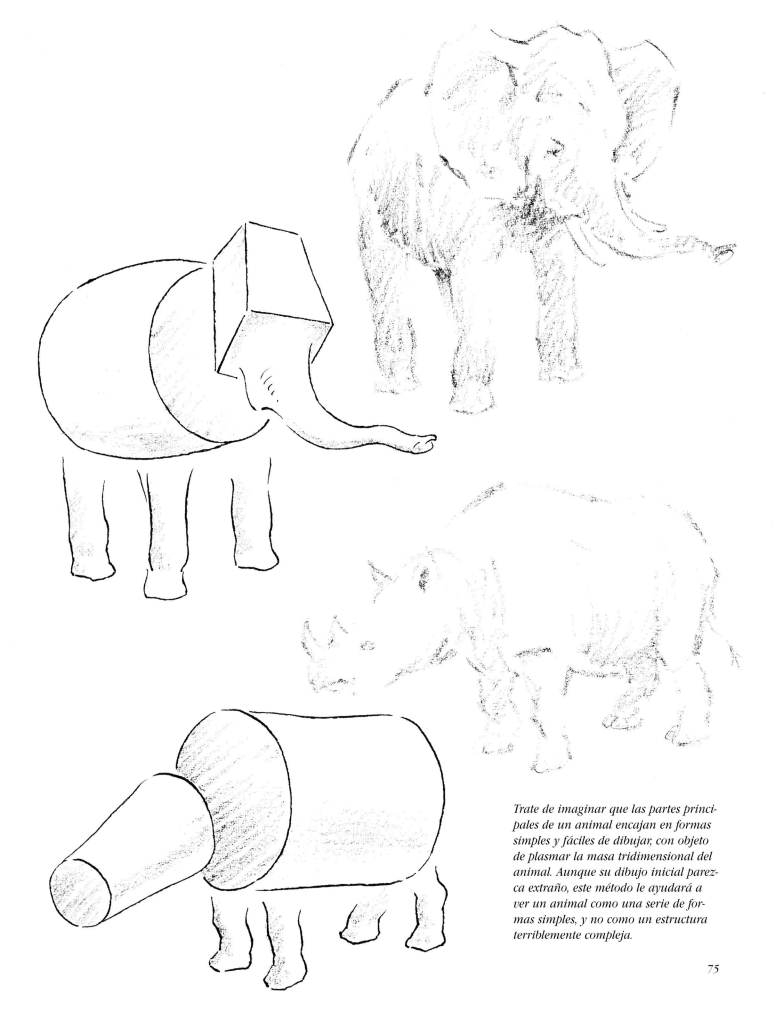

Trate de imaginar que las partes principales de un animal encajan en formas simples y fáciles de dibujar, con objeto de plasmar la masa tridimensional del animal. Aunque su dibujo inicial parezca extraño, este método le ayudará a ver un animal como una serie de formas simples, y no como un estructura terriblemente compleja.

Será mejor que no se sobrecargue con una multitud de trastos. Un puñado de lápices 6B y un cuaderno de dibujo de buen tamaño son suficientes para pasar un día en el zoo. La hora de la siesta brinda una buena oportunidad de estudiar un animal quieto y de obtener muchos detalles.

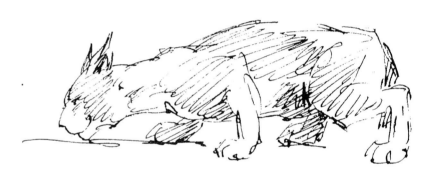

Técnicas básicas de dibujo

Trabaje rápido: los animales no le esperarán. Es mejor no pensar en hacer un dibujo acabado en el zoo. Dése por satisfecho con unos bocetos rápidos que le den información que más tarde pueda ser desarrollada.

El gesto, y no el detalle, es lo importante. Varios bocetos asi, "instantáneos", pueden transmitirle mucho más sentimiento hacia el animal que un dibujo estudiado.

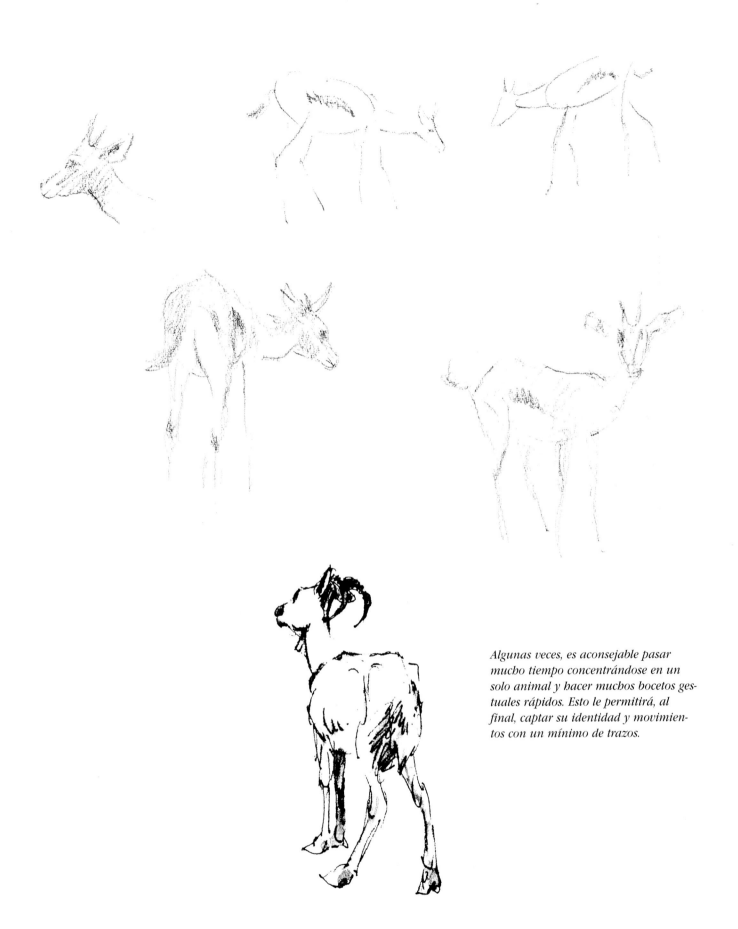

Algunas veces, es aconsejable pasar
mucho tiempo concentrándose en un
solo animal y hacer muchos bocetos gestuales rápidos. Esto le permitirá, al
final, captar su identidad y movimientos con un mínimo de trazos.

*Los lápices de grafito blando o de car-
boncillo dan buen resultado y respon-
den bien. Facilitan el trabajo para indicar cosas tales como la textura de un
pelaje en estudios rápidos, como éste de
unos babuinos.*

Técnicas básicas de dibujo

Estos gibones no posarán para Ud. Ni lo sueñe. Lo suyo son las acrobacias ininterrumpidas, sobre todo si alguien les está mirando. Sin embargo, son un modelo hecho a medida para los dibujos gestuales.

Intente dibujar sus animales en escenarios interesantes y desde puntos de vista insólitos.

Estos bocetos de ratones, dibujados en vivo, aportan un montón de información sobre estas diminutas criaturas. Un estudio así nunca se desaprovecha.

El boceto de este árbol del paraíso sería bastante interesante por sí mismo; fíjese, sin embargo, cómo aporta la cauta y alerta ardilla un centro de interés inmediato. Planifique su composición de manera que el animal (o el pájaro, el insecto, etc.) esté en un punto interesante; recuerde la lógica, pero no tenga miedo de desviarse de una ubicación de Término Medio. Un animal ubicado de forma descentrada y que le dé la espalda puede darle a la composición esta sensación de naturalidad (que es lo que ocurre a menudo en la naturaleza) que está buscando.

Los animales en su entorno natural

Por supuesto, el zoo no es el único sitio donde un artista puede estudiar animales. Puede Ud. invitar a toda una fauna a su jardín. Una bañera y un alimentador para pájaros atraerá una amplia variedad de visitas emplumadas; con unos restos de comida, maíz crujiente u otro tipo de granos, más un poco de agua, podrá atraer a diversos animales y los podrá estudiar de cerca.

No tendrá que atraer a su jardín a ningún insecto para estudiarlo o dibujarlo; estas criaturas proliferan por todas partes. Hasta pueden ser preciosos, cuando conseguimos deshacernos de nuestro prejuicio sobre estos "bichos". Si los escarabajos no son santo de su devoción, empiece con las maravillosas variedades de mariposas, libélulas o dragones voladores. Ni siquiera es necesario que utilice un visor; estas criaturas, por su propia naturaleza, se convierten en el punto de enfoque de nuestra atención.

Acostúmbrese a dibujar animales rápidamente; los dibujos gestuales y los dibujos rápidos hechos de memoria son buenos para conseguir esto. ¿Por qué rápidamente? Los animales casi siempre se mueven. A menos que desarrolle Ud. unas buenas técnicas de dibujo de memoria o que sea capaz de plasmar una pose global en un rápido dibujo gestual, es posible que no se le vuelva a presentar otra oportunidad.

Puede ser un buen momento para echar mano de esta herramienta tan práctica para el artista: la cámara de fotos. Le dará el equivalente en película de un boceto, y posteriormente podrá consultarlo.

Pero el mejor consejo, si quiere incluir en sus dibujos animales, pájaros e insectos de aspecto realista, es: dibuje, dibuje y dibuje más y más. Frecuente el zoo, ande por el campo, visite museos de historia natural y observe... constantemente.

Técnicas básicas de dibujo

Estos búfalos sedentarios, rumiando perezosamente y paseando mientras pacen, fueron un tema intrigante y le dieron al artista el tiempo necesario para dibujarlos.

BUFALOS Y GALLO JOHNSON

3 de agosto
17:30 horas

Estos bocetos rápidos de un ratón almizclero son dibujos gestuales, esbozados rápidamente con un lápiz del nº 2. Aquí hay la suficiente información como para que el artista pueda incluir otro ratón en una futura ilustración, sin ningún problema.

Aquí tenemos otro ejemplo de cómo desglosar la forma general de un animal en partes manejables y fácilmente reconocibles. Los círculos, óvalos y cilindros ayudan a plasmar la pose de este oso pardo, que fue terminado en un dibujo posterior. Cuando haga su boceto preliminar, busque los espacios negativos; le ayudarán a dibujar con precisión las proporciones y la pose.

Capítulo 6

EL DIBUJO DE LA FIGURA

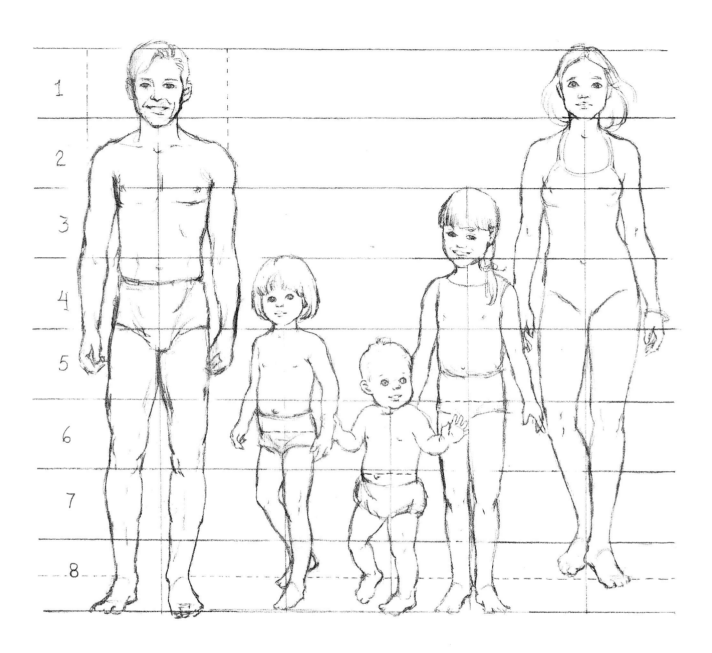

Técnicas básicas de dibujo

El cuerpo humano es uno de los temas favoritos para la mayoría de artistas. Con unos cuantos trucos sencillos y un poco de práctica, podrá abordar la figura con seguridad.

Las proporciones del cuerpo

Para conseguir unas proporciones correctas, es lógico dibujar las formas grandes primero, y luego empezar a desarrollar las masas con luces y sombras, y definiendo los planos mayores. Conforme vaya trabajando, la figura se afinará más y más, hasta que al final consiga el parecido y la individualidad de su modelo. Como estudiante, dibuje *siempre* la figura en su totalidad antes de introducir detalles de la cabeza, de las manos, de los pies o de la cara.

Los adultos

Si se utiliza la longitud de la cabeza como unidad de medida, la figura humana adulta tiene una altura de entre 7 y 8 cabezas. La figura idealizada tiene 8 cabezas de altura, lo cual le da una sensación de dignidad y elegancia. (No haga *nunca* la cabeza más grande de lo que parece, o la figura parecerá pesada.) Para la figura media, 7 1/2 cabezas es un buen tamaño.

En esta ilustración, el hombre y la mujer tienen entre 7 1/2 y 8 cabezas de altura. Desde la parte superior de la cabeza hasta la línea de la cadera, miden 4 cabezas, y desde ahí hasta el talón, miden 3 1/2 cabezas. Estudie el esquema y mire cuáles son las partes de la figura que se pueden localizar mediante la unidad de medida de longitud de cabeza. Por supuesto, la primera es la cabeza; la segunda es la distancia entre la barbilla y los pezones;

la tercera llega justo por encima del ombligo, pero está por debajo de la cintura; la cuarta medida nos lleva hasta la línea de la cadera. Desde dicha línea, hay 1 1/2 cabezas hasta las rodillas. El centro de la figura llega casi a la cuarta línea de cabeza, o justo por encima.

En el hombre adulto, los hombros tienen una anchura aproximada de dos longitudes de cabeza; es la parte más ancha del cuerpo masculino. En el cuerpo femenino, las caderas son a menudo tan anchas como los hombros.

Cuando el brazo cuelga a un lado, el codo toca el borde del hueso de la cadera, la cresta ilíaca, y la parte interna de la muñeca está al mismo nivel que el punto medio de la figura. Los dedos extendidos llegan hasta el muslo, un poco por encima del centro de los mismos.

Los niños

Los niños tienen la cabeza más grande en relación con el cuerpo. La cabeza de la figura central del esquema, el niño de un año, mide la cuarta parte de la longitud de su cuerpo. El punto central, indicado con una línea punteada, está en la cintura; aunque decir justo por encima del ombligo sería más fácil, ya que los niños de esta edad no suelen tener cintura.

La longitud de cabeza de la niña de 4 años (al lado del hombre) equivale aproximadamente a una quinta parte de la longitud de su cuerpo, que mide, por lo tanto, 5 cabezas de altura. El punto central está a 2 1/2 cabezas de la parte superior de la cabeza.

La niña de 8 años (al lado de la mujer) mide unas 6 cabezas de altura, y el punto central es parecido al del adulto, casi en la línea de la cadera.

Consejo: Una vez decidida la pose de su modelo, acostúmbrese a medir la longitud de su cabeza. Extienda el brazo, sujete su lápiz verticalmente y utilícelo para medir. Luego mida la segunda, la tercera y la cuarta longitud de cabeza, para hacerse una idea de la cantidad de figura que puede incluir en su hoja.

(Las proporciones de los tres niños guardan relación entre sí, pero no con las de los adultos del dibujo. En la realidad, sus cabezas son más pequeñas que las de los adultos, pero al dibujarlos con estas medidas, es más fácil ver y recordar las proporciones.)

El dibujo al natural

Aunque puede Ud. mirar estos esquemas y estudiar su propio cuerpo, nada puede sustituir el dibujo a partir de un modelo al natural. Si no dan clases de dibujo al natural en su pueblo o ciudad, inícielas Ud. ¡Trate de convencer a miembros de su familia, compañeros de clase o amigos para que posen mientras descansan, leen o ven la televisión!

Algunos estudiantes se interesan por la anatomía, el estudio del esqueleto y los músculos. Otros no tienen ni el más mínimo deseo de saber qué ocurre debajo de la piel. Pero como artista, Ud. tiene que saber algo de anatomía. La anatomía para los estudiantes de medicina es un estudio mucho más definitivo, pero Ud. no tiene que dominarlo hasta este punto. Aunque sólo tenga este libro a mano mientras observa y dibuja una figura, verá que realmente progresa tras varias sesiones de dibujo.

La línea de plomada

Cuando un modelo está de pie con el peso descansando en un solo pie, la parte interna del tobillo que soporta el peso está en una línea directa que baja directamente desde el cuello. Esta línea tan importante se llama línea de plomada.

Intente dibujar diez figuras como éstas, e incorpore estas ideas para el encajado así como sus conocimientos sobre la línea de plomada. 15 cm de altura son suficiente para mostrar el principio. Para buscar poses, mire figuras en revistas o la gente a su alrededor.

Dicho sea de paso, cuando las líneas de desarrollo de los hombros y las caderas sean incorrectas, se dará cuenta. Si ambos pares están inclinados hacia la misma dirección, ¡parecerá que la figura está a punto de caerse!

Cuando la figura está de pie y recta, con las líneas de los hombros y de las caderas alineadas y el peso distribuido sobre los dos pies por un igual, como la figura sobre estas líneas, la línea de plomada que baja desde el cuello llega a un punto centrado entre los dos pies.

Si la figura está medio sentada en el borde de una mesa, con el hombro izquierdo hacia abajo y la cadera izquierda hacia arriba, la línea de plomada no interviene, ya que el peso del cuerpo descansa sobre la pelvis, no sobre los pies.

Técnicas básicas de dibujo

Estos esbozos de figura han sido desarrollados para recalcar que la flexibilidad del torso existe sólo en el área ubicada entre la masa del hombro-caja torácica y la masa pélvica, que aquí se han reducido a formas cuadradas de líneas rectas. El principio según el cual la línea de plomada va desde el cuello hasta la parte interna del tobillo que soporta el peso sigue siendo cierto, no importa desde dónde se mire la figura: vista frontal, trasera o lateral. Se indican, ligeramente, en las figuras de estas páginas, las líneas del centro trasero y centro frontal, para mostrar que son independientes de la línea de plomada.

Si practica dibujando pequeñas figuras como éstas, durante quince minutos y tres veces a la semana, pronto podrá dibujar a personas en cualquier lugar (en una parada de autobús, en una fiesta, en la playa...) dónde haya gente de pie, esperando o conversando. También podrá dibujar figuras convincentes partiendo de su imaginación.

Cuando la figura está de pie (vista desde detrás, sobre estas líneas), con el peso sobre la pierna y el pie izquierdos, la línea de plomada corre desde la base del cuello hasta la parte interna del tobillo izquierdo. El hombro izquierdo cae hacia abajo y la cadera izquierda se levanta.

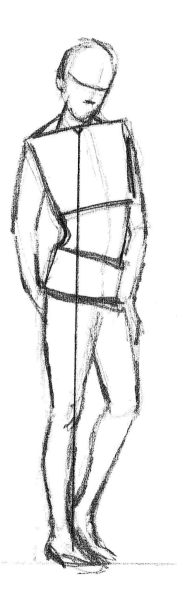

Cuando la figura de pie está ligeramente girada, con el peso sobre la pierna y el pie derechos, la línea de plomada va desde el cuello hasta la parte interna del tobillo derecho. El hombro derecho cae hacia abajo y la cadera derecha se levanta.

Los pies

El pie tiene la forma de una cuña que se aplana en los dedos. Cuando un modelo está de pie, la parte externa del pie, desde el dedo pequeño hasta el talón, suele quedar plano sobre el suelo. El puente del pie queda en el interior y no suele apoyarse en el suelo. Eso es lo que le da elasticidad al pie al caminar.

Observe que el dedo gordo del pie queda a menudo separado de los demás dedos, de la misma manera que el dedo pulgar queda separado de los demás.

Cuando dibuje un pie, intente encajarlo con líneas rectas para darle fuerza y apoyo. Y encaje los dedos con pequeñas formas cilíndricas. El aprender a dibujar bien las uñas de los dedos le ayudará a poner el pie en perspectiva. Esto es importante, ya que todas las vistas frontales presentan el pie en una perspectiva escorzada.

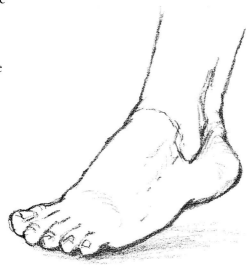

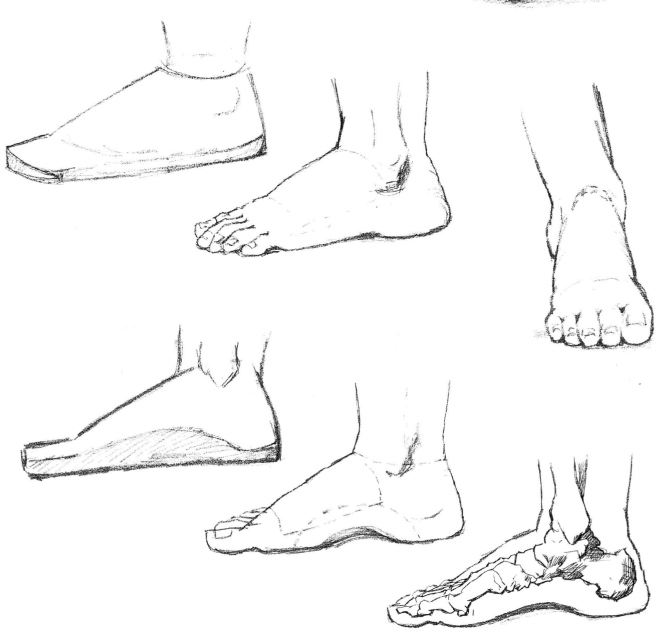

Técnicas básicas de dibujo

Errores comunes cuando se dibujan piernas y pies

El pie no parece lo bastante fuerte o lo bastante ancho como para soportar el cuerpo.

Las proporciones del pie son incorrectas. Si no vigila, los pies con dedos parecerán pezuñas.

No está redondeado, le falta forma. Si tiene problemas con los pies descalzos, dibújeles sandalias. Las sandalias le ayudarán a describir el pie.

Mal colocados en relación con el resto del cuerpo. A veces se ven retratos de mujer con vestido largo en los que parece que el artista haya metido los pies en cualquier sitio debajo del dobladillo del vestido, sin haber pensado en seguir la línea que va de la cadera al muslo, a la rodilla, al tobillo y al pie. No consienta que eso le pase a Ud. Intente "dibujar" los miembros debajo de la ropa para que los pies ¡sean una continuación de las piernas! Desde luego, lo ideal sería que primero pudiera hacer un boceto de su cliente en bañador, y luego que dibujara el vestido sobre la figura, pero no es probable que tenga esta oportunidad. Tendrá que limitarse a echar mano de sus conocimientos e imaginación y buscar los puntos clave (sobre todo las rodillas) debajo de la tela. Hágase suya esta regla: Primero, desarrolle *siempre* el cuerpo que hay debajo de la ropa.

Las piernas y los pies de los niños

El desarrollo de las piernas y los pies de los niños es el mismo que el de los adultos, pero los músculos quedan menos definidos y las formas son más redondeadas.

El pie de un niño pequeño es redondo, no tiene la planta plana porque todavía no ha llevado zapatos ni ha caminado lo suficiente como para habérsele aplanado la planta. Los pies son más rechonchos que los del adulto, y los dedos pueden llegar a ser diminutos. También en este caso le ayudarán las uñas a establecer el ángulo del pie.

En muchas ocasiones, preferirá dibujar a un niño pequeño descalzo, aunque vaya bien vestido. Los pies descalzos eliminan el aspecto demasiado formal y nos recuerdan que los niños son más libres y naturales que los adultos.

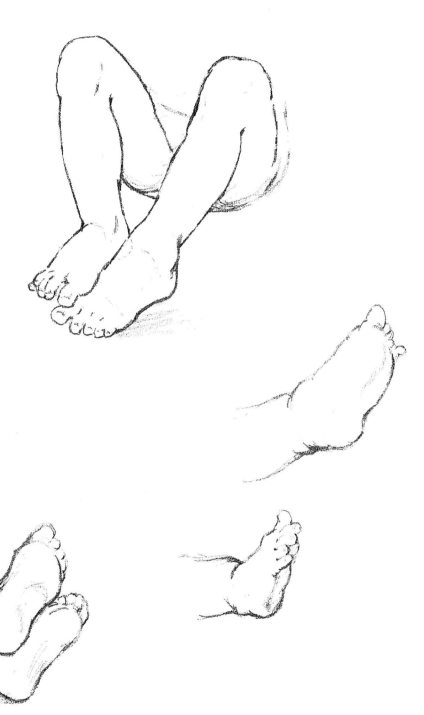

Según Mary Cassatt

El dibujo de la figura

89

Errores comunes cuando se dibujan brazos

*H*acer el brazo demasiado flacucho y sin forma. Lo cierto es que éste es el único gran error cuando se dibujan brazos. Los brazos desnudos de un hombre musculoso son fáciles de dibujar, pero intente dibujar los de un niño de 8 años. ¡Aquí sí que puede uno mostrar lo que vale! Y los de las mujeres esbeltas, que tampoco son tan fáciles. De entrada, los brazos *sí* tienen un aspecto enjuto, pero Ud., como artista, tiene que darles forma y solidez.

Nota: Mientras estudia este brazo delgado, la verdad es que necesita algo que *cruce* la forma. Ahí es donde interviene su talento artístico. Aplique trazos de lápiz o de carboncillo como líneas que crucen la forma, para indicar que es redonda. Ésta es la respuesta. No dibuje *nunca* un brazo con trazos longitudinales de arriba abajo. Desde luego, la curva de una manga, al igual que un reloj o una pulsera, ayuda considerablemente a conseguir que el brazo parezca redondo, así que aprovéchese de ellos siempre que pueda.

Las manos y las muñecas

Dibujar manos requiere un terrible montón de práctica. Después de todo, si va a incluir las manos de su figura en su dibujo, le convendrá que estén tan bien pensadas como la cabeza. Las manos de su modelo expresan otra faceta de su personalidad. Le añaden carácter al retrato de un hombre, elegancia y aplomo al de una mujer, y encanto al de un niño. Además, si no puede dibujar las manos, quedará para siempre limitado a los retratos de cabeza con hombros, lo cual ¡no es muy divertido!

He aquí algunos datos sobre la mano y la muñeca: la muñeca es una forma similar a un bloque achatado, unas dos veces más ancho que grueso. Como ya se ha dicho, la muñeca gira junto con la mano en el antebrazo.

Cuando la mano está en reposo, con la palma hacia arriba o hacia abajo, en la falda o sobre la mesa, la parte frontal de la muñeca, por el lado del pulgar, queda más alta que el lado del dedo meñique. Compruébelo Ud. mismo estudiando su muñeca y su mano.

Cuando el brazo descansa, con la palma hacia abajo, sobre una superficie plana, siempre queda un hueco debajo de la muñeca. El brazo y la mano *nunca* descansan sobre la muñeca, sino sobre el talón de la mano y la parte carnosa del antebrazo, cerca del codo.

La mano se compone de dos masas: la mano en sí y el pulgar. Hay cuatro huesos en la masa de la mano, doce en los dedos, y tres en el pulgar.

El encajado de la mano

La mano es una estructura tan compleja y capaz de tantos movimientos, que la mayoría de estudiantes temen dibujarla. Sin embargo, para el retratista, la mano es lo más importante después de la cabeza. Le da tanta personalidad al cuadro que debemos absolutamente dedicarle nuestro mayor esfuerzo.

Dejemos a un lado nuestros temores e intentemos ver la mano como una forma geométrica. Si la consideramos como una manopla con grosor, podremos dominarla. Ésta es una forma válida de encajar la mano con cualquier medio (lápiz, carboncillo, óleo, acuarela...) y se puede confiar en ella para iniciarse en el dibujo de las manos en todo tipo de retratos.

Esta primera forma, bajo estas líneas, es un buen comienzo, pero nunca verá una mano en esta posición (totalmente plana) en la gente real, así que debemos investigar un poco más.

Palma hacia arriba

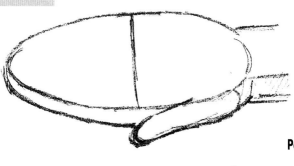

Palma hacia abajo

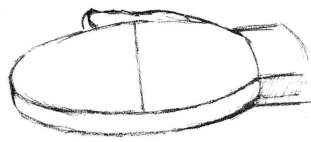

Los nudillos (en el dorso de la mano) están a medio camino entre la muñeca y el final del primer dedo, el dedo índice. Compruébelo en su propia mano. Haga que su manopla encajada se doble en dicho punto, para que la "mano" parezca más natural, ligeramente ahuecada. El dedo corazón es el más largo y determina la longitud de la mano.

Igual distancia

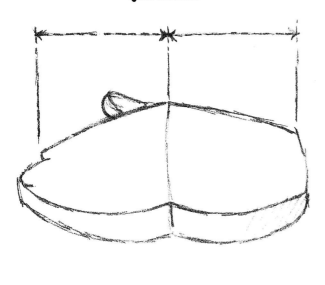

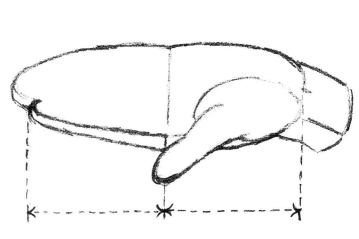

Igual distancia

La sección A-B de los dedos lleva el doble de articulaciones y puede doblarse hacia adelante hasta convertirse en un pliegue prieto, un puño cerrado.

La sección B-C de la mano es capaz de movimiento, en la muñeca, hacia adelante y hacia atrás y de lado a lado.

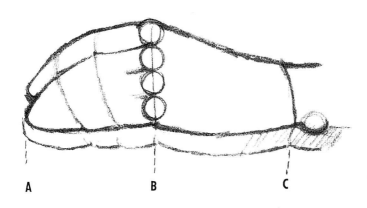

A   B   C

La construcción de la mano

La primera sección del dedo, empezando por el nudillo, es la más larga de las tres partes del dedo. La segunda sección, la del medio, es más corta que la primera pero más larga que la tercera, la de la punta del dedo.

Dado que ninguno de los dedos tiene la misma longitud, ninguna de estas divisiones se alinea con la masa transversal de los dedos. Sin embargo, estos segmentos siguen siendo la estructura de cada uno de los dedos.

Cada una de las secciones de cada uno de los dedos es siempre *recta, nunca curvada*. Incluso en los más gráciles y elegantes movimientos de mano, es posible que los dedos se doblen, pero los segmentos (llamados falanges) permanecerán rectos. Dibuje estas secciones de dedo con líneas rectas en el lado superior y con almohadillas carnosas en la parte de la palma. Piense en cada uno de los segmentos como en un cilindro, y conseguirá una perspectiva correcta.

Hemos estudiado el dorso de la mano. Ahora gire la mano y póngala con la palma hacia arriba, como en la ilustración de la página contigua. Si mira los dedos, verá que cada uno se compone de tres partes, de tres suertes de almohadillas de *igual* tamaño. Por supuesto, como los dedos no todos tienen la misma longitud, las almohadillas y los pliegues de un dedo no se alinearán transversalmente con los otros.

Sería lógico pensar que los pliegues de cada dedo coinciden con las articulaciones del dorso de los dedos ¿no es cierto? Estudie su mano detenidamente.

Hay un pliegue en la tercera articulación, la de la punta de los dedos. Luego viene la segunda sección, con

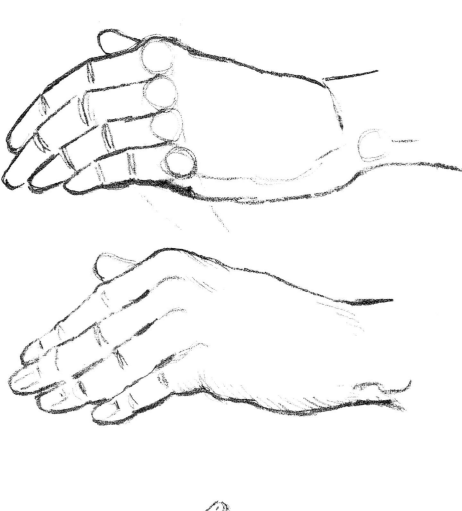

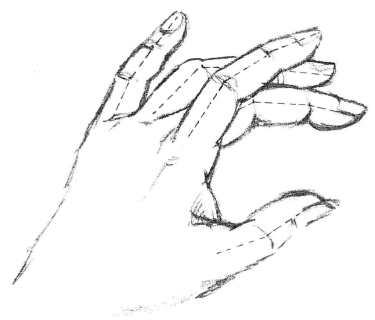

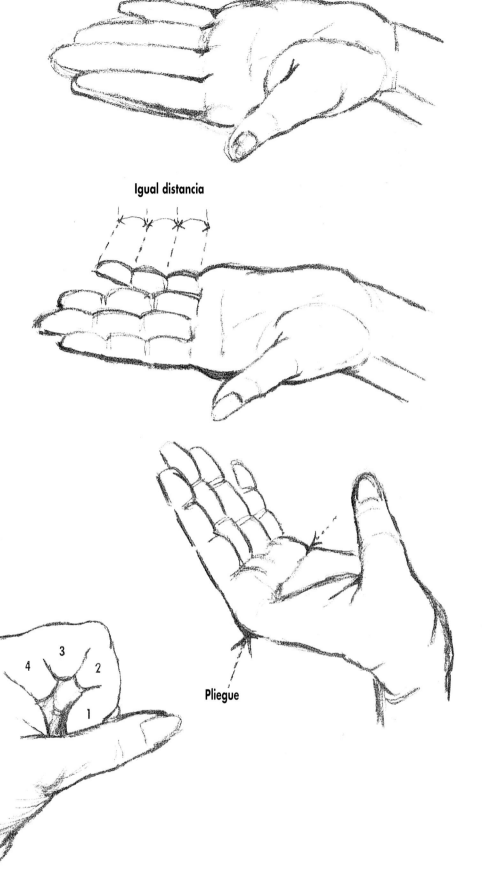

la segunda articulación. Luego la tercera sección, con la tercera articulación. En el lado de la palma, ahí es donde terminan los dedos y empieza la palma. Ahora cierre la mano a la altura de los nudillos: los dedos *no* se doblan en esta tercera articulación donde se unen con la mano; ¡la articulación del nudillo del dorso se corresponde con un *cuarto* pliegue transversal en la palma de la mano! ¡*Ahí* es donde empieza la acción de los dedos!

Mire su mano de perfil para comprobar que el tercer pliegue del interior está sólo a medio camino entre la segunda articulación y la articulación del nudillo del dorso. Doble los dedos y compruebe Ud. mismo este hecho asombroso, primero desde el lado del pulgar, y luego desde el lado del meñique. No hay movimiento donde los dedos *parecen* unirse a la mano, sino en los nudillos, ubicados más abajo en la masa de la mano. El saber esto le ayudará a dibujar manos en posiciones naturales.

Igual distancia

Pliegue

3

4

2

1

Pliegue

Las piernas

Aunque su modelo sea un hombre con las piernas recubiertas por pantalones, o una mujer que las tenga recubiertas por un bonito vestido, tendrá que saber qué hace el cuerpo debajo de toda esta tela. Asimismo, para dibujar una figura en pie tendrá que saber dónde y cómo queda repartido el peso del cuerpo.

El muslo (la forma que va de la cadera hasta la rodilla) consiste en un solo hueso, el fémur. El fémur es el hueso más largo y más fuerte del cuerpo. Queda unido a la pelvis por una articulación en forma de bola y cuenco. Esto le permite a la pierna moverse libremente hacia adelante, hacia atrás, de lado, hacia arriba y hacia abajo.

Conforme el muslo baja hacia la rodilla, se va centrando debajo del peso central del torso. La rodilla forma una línea directa con la articulación de la cadera.

La pierna de rodilla a tobillo, al igual que el brazo de codo a muñeca, se compone de dos huesos situados uno al lado del otro. El hueso más fuerte es la tibia, y el más estrecho, el peroné. El peroné es el que permite la rotación del tobillo, aunque no podemos girar nuestro pie a más de 180 grados, como hacemos con la muñeca.

Visto de frente, el hueso interno del tobillo es obviamente más alto que la protuberancia externa.

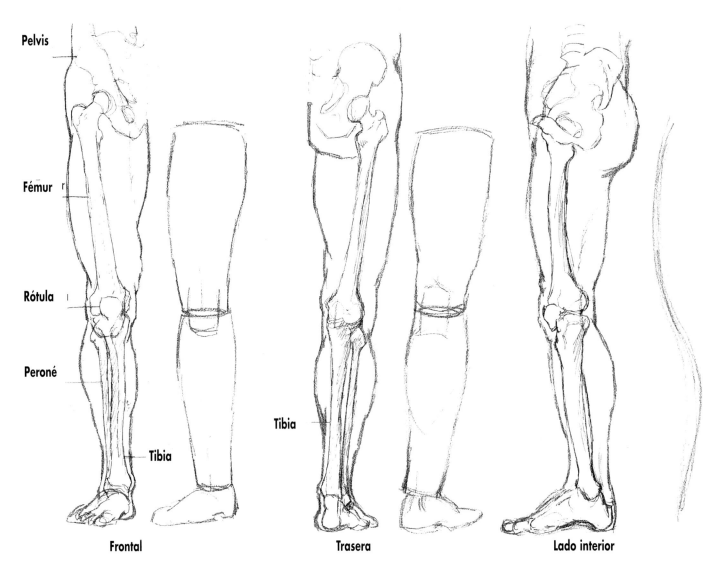

Pelvis

Fémur

Rótula

Peroné

Tibia

Frontal

Tibia

Trasera

Lado interior

94

El dibujo de la pierna

La pierna, vista de perfil, presenta una curva en S alargada. La rótula queda sujeta por unos ligamentos extremadamente fuertes unidos al peroné, debajo de la espinilla. La pierna se parece a dos cilindros de igual longitud. Uno va desde la parte superior del muslo hasta la rótula, y el otro desde la rótula hasta el hueso del tobillo.

Cuando una figura está sentada, con las piernas dobladas a la altura de la cadera y de la rodilla, dibujar los muslos resulta mucho más fácil si se miran como cilindros en perspectiva y se procede como queda sugerido en estos dibujos.

Capítulo 7

EL CUADERNO DE DIBUJOS DE FIGURAS

En los capítulos anteriores, a menudo nos hemos referido al cuaderno de dibujo como una valiosa fuente de información. Además de facilitarle detalles de escenas, colores, ambientes, etc., su cuaderno de dibujo también puede aportarle datos valiosos sobre figuras.

También puede utilizar una cámara para recopilar este tipo de datos, pero es probable que un apunte rápido retenga mejor sus sensaciones inmediatas hacia el modelo (que podrá utilizar posteriormente) que una foto. Un rápido dibujo gestual, por tosco que sea, puede llegar a ser el mejor medio de retener su inspiración original.

La espontaneidad es una cualidad altamente deseable en cualquier obra de arte acabada. El trabajo en cuaderno, hecho mientras se mueve uno, tiende a parecer rápido y espontáneo. Esta cualidad, sin embargo, es difícil, y a veces imposible, de volver a crear cuando se traslada la información del apunte a la ilustración final.

El trabajo en cuaderno puede llegar a ser increíblemente tosco. A menudo es sólo inteligible para el artista, pero es suficiente para los objetivos que tiene en mente. En la mayoría de los casos, el tener los bocetos le impide al artista perder el contacto con el sentimiento original que le impulsó a dibujar.

En otros casos, puede ocurrir que el potencial de un modelo vaya intrigando al artista y que éste se deje llevar por las posibilidades. Eso a veces da lugar al desarrollo del boceto hasta tal punto que éste se convierte en una pequeña joya, con una calidad particular muy suya que no puede ser recreada en una ilustración de seguimiento.

Vendedor de marisco en Hong Kong, realizado con pincel, tinta y aguada. Si va a dibujar de pie, piense que el pincel y la tinta son un poco incómodos de transportar y de utilizar. Es mejor hacer un dibujo a lápiz y repasarlo con tinta posteriormente.

Este dibujo de un barrendero mexicano es un ejemplo de pincel en seco.

Cuaderno de dibujo y cámara

Cuando trabajan con sus cuadernos de dibujo, los artistas eligen concentrarse en diferentes aspectos de sus temas. Para las figuras, tal vez desee concentrarse en dos aspectos: la gente que forma parte de la escena, y los apuntes de composición. Además, debería incluir rápidos estudios de detalles variados, si tienen que ver con la escena. Posteriormente, en el estudio, estos bocetos harán algo más que recordarle la esencia de la escena.

Estos bocetos se hicieron con un bolígrafo japonés de punta fina. Este tipo de bolígrafo es muy sencillo de utilizar in situ. Posteriormente, se pueden hacer retoques con un pincel húmedo.

Para los trabajos de campo, en un momento de apuro se puede utilizar una cámara para recopilar información sobre figuras, en aquellas situaciones donde, por razones prácticas, no es posible dibujar. El uso de un teleobjetivo en la cámara le aportará la ventaja adicional de poder trabajar a distancia, sin que el modelo o modelos sean conscientes de la cámara.

Como éste no es un libro sobre fotografía, no entraremos a discutir qué cámara utilizar. Hay muchas buenas marcas en el mercado, así que es difícil destacar alguna en concreto. El tipo de cámara más práctico para el artista es el tipo reflex, que admite películas de 35 mm.

Los zooms de 65-135 mm tienen un campo lo bastante amplio para cualquier tema y, hasta cierto punto, le permitirán componer su futuro dibujo mientras fotografía su modelo.

El equipamiento para esbozar

El equipamiento para esbozar debe ser elegido cuidadosamente, sin perder de vista el factor transporte. Como mínimo, lo único que se necesita es un cuaderno de dibujo y
algo con qué dibujar, pero también hay otras consideracio-
nes a tener en cuenta.

En un principio, debe Ud. pensar en términos de viajar
a pie y estar listo para dibujar en cualquier momento. Esto
quiere decir comprar un cuaderno que pueda llevar fácilmente en la mano o en el bolsillo, más algunos lápices.

Los cuadernos más fáciles de transportar son pequeños,
del tamaño de la palma de la mano. Van muy bien cuando
se quiere trabajar sin llamar la atención. Sin embargo, es
posible que prefiera no andarse con tapujos y trabajar con
un tamaño de página que sea por lo menos lo bastante
grande como para poder apoyar la mano mientras trabaja.
Un cuaderno en tamaño DIN A5 es adecuado. Otros son el
Aquabee Super Deluxe en DIN A4, encuadernado con espiral, y el cuaderno de tapas duras, también en DIN A4, de
Strathmore.

Uno de los factores más importantes a tener en cuenta
cuando se elige un cuaderno, es la calidad del papel. Asegúrese de que responderá bien al instrumento de dibujo que
utiliza.

Luego viene la decisión en cuanto a lápices y plumas. El
lápiz de mina de plomo corriente es una herramienta maravillosamente sensible y es muy cómodo trabajar con él. Para
el trabajo en cuaderno, sin embargo, tiene varios inconvenientes. Los lápices corrientes de mina de plomo tienden a
emborronar, y cuanto más maneje su cuaderno, más se
ensuciará éste. También tiene tendencia a "imprimirse en
offset" en la página contigua. Conforme el dibujo se va
ensuciando, se va aclarando. En alguna ocasión, puede
darse el caso que un esbozo dibujado livianamente casi
desaparezca. Por otro lado, un esbozo a lápiz tiene la ventaja de poderse borrar, así que no queda Ud. limitado para
siempre por la primera línea que traza en la página.

Estos rápidos bocetos se hicieron con un lápiz 2B. Por su gran sensibilidad y comodidad, es el utensilio favorito para esbozar. Sin embargo, el lápiz tiene tendencia a emborronar, y el dibujo del cuaderno se aclarará porque se producirá un efecto de offset en la página contigua.

Estos bocetos realizados con lápices blandos representan a unos turistas en St. Augustine (Florida). No se hicieron tan rápidamente como los estudios sobre estas líneas y contienen más detalle.

Esta pluma de dibujo plasmó estas barcas de correo llegando a la isla Monhegan.

Mientras esté haciendo trabajos de campo, es posible que quiera tomar notas sobre el boceto acerca de cualquier color particular que haya observado, sobre todo si el color es importante por razones de autenticidad o por ser insólito.

El Prismacolor es un buen lápiz, que no se emborrona. Estos lápices de colores se pueden comprar sueltos o bien por juegos. Sus negros y grises oscuros son buenas herramientas de trabajo.

Los lápices de carbón Wolff también dan buen resultado. Tienen una calidad de línea característica y, para conseguir mejores resultados, el papel debe tener algo de mordiente. También pueden ser deliberadamente emborronados para conseguir efectos de sombreado, aunque por sí solos, también manchan. Estas manchas pueden ser evitadas con un fijador en spray, pero esto se convierte en una operación extra y en otro artículo que carretear.

Los lápices de tinta posiblemente sean las mejores herramientas para el trabajo en cuaderno. Existen plumas de punta flexible, bolígrafos y estilógrafos. Estos últimos se han hecho muy populares para hacer dibujos en blanco y negro de gran precisión, pero se puede conseguir una línea más expresiva con una plumilla flexible.

Las plumas de dibujo, tanto de la marca Pelikan como de la marca Koh-I-Noor, dan buen resultado; ambas ofrecen una amplia gama de plumillas. Como medio directo, la línea hecha con pluma es positiva y permanente. Esta cualidad es muy atractiva y debería ser cultivada lo máximo posible.

Cuando trabaje en cuaderno, sea audaz y directo. No se preocupe de las líneas incorrectas. Dibuje encima de ellas hasta que parezcan correctas. Recuerde que está haciendo un boceto, no una obra de arte final.

El hábito de hacer bocetos en cuaderno desarrolla el hábito de dibujar. Tenga a mano su cuaderno de dibujo siempre que pueda, y dibuje, dibuje, dibuje. Sus cuadernos se convertirán en valiosas fuentes de información, de inspiración y de ideas, y el hábito hará maravillas en su faceta de dibujante.

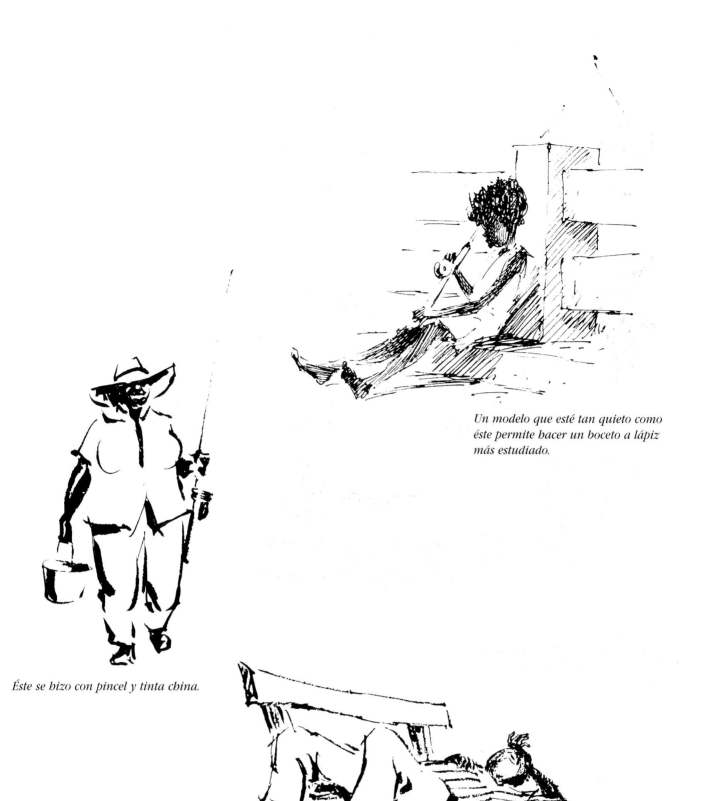

Un modelo que esté tan quieto como éste permite hacer un boceto a lápiz más estudiado.

Éste se hizo con pincel y tinta china.

Éste se hizo con la técnica del pincel seco.

Aquí se vuelve a utilizar una pluma de dibujo para representar a estos jamaicanos llevando cervezas y naranjadas.

Un esbozo a lápiz plasmó a una profesora de parvulario con sus jóvenes alumnos.

Técnicas básicas de dibujo

Se utilizaron, para estos bocetos, un rotulador gris y una pluma con punta de nylon, después se añadió un poco de acuarela en el boceto más grande de la derecha. Pareció natural exagerar un poco la acción de la figura.

Capítulo 8

EL DIBUJO DE RETRATOS

Cuando se dibuja una cabeza es importante saber, incluso antes de tener el modelo delante, qué es lo que hay que mirar. En las siguientes páginas encontrará diferentes métodos para construir una cabeza y para dibujar con precisión sus diferentes proporciones, desde la infancia hasta la vejez. Dibuje estos esquemas una y otra vez hasta que pueda hacerlos con facilidad. Al principio cópielos, pero después hágalos con su imaginación. No utilice sistemas mecánicos y trate de entrenar su ojo para que aprecie las relaciones. Piense en lo que está haciendo.

Para hacer estos ejercicios, necesitará un lápiz o una pluma, papel, una goma moldeable y una regla (y también papel milimetrado, si lo desea). Para cambiar de ritmo, tal vez le convenga dibujar, sobre fotografías de cabezas sacadas de revistas, las divisiones proporcionales con las que trabajará en estos ejercicios. Esto le ayudará a desviarse de las proporciones idealizadas que aprenderá aquí hacia las de la gente "real" de todo tipo y edades. Quedará sorprendido por la variedad que encontrará.

Dado que la manera más básica de hacer un retrato es de perfil, empezaremos por ahí. Los dibujos que estudiará en las páginas siguientes se basan en cuadrados de 5 cm de lado, cada uno de ellos dividido a su vez en cuadrados de 2,5 cm de lado. Haga, sobre su hoja de papel, varios cuadrados a tinta (o bien utilice papel milimetrado) y trace las cabezas a lápiz.

1. Coloque el ojo en la marca horizontal central (**1·3**) como si la línea pasara por el párpado inferior. (En realidad, el ojo está en el centro de la cabeza de perfil.)

2. Divida el lado izquierdo del cuaderno en siete partes iguales. Trate de medirlas a ojo, no con una regla.

3. La ceja queda en la línea **C**, junto con la proyección hacia adelante del cráneo, por encima del globo del ojo.

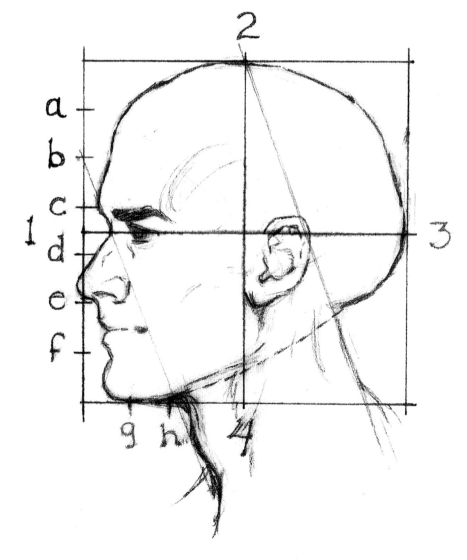

4. La base de la nariz está en **E**, a medio camino entre la línea de la ceja y la de la barbilla. Hay un ala de cartílago llamativa por encima de la ventanilla, y la base de esta curva se alinea con **E**. La punta de la nariz puede estar por encima o por debajo de esta línea.

5. El extremo superior de la oreja también se alinea con la ceja en **C**. El extremo inferior del lóbulo se alinea con **E** en la base de la nariz. La oreja se sitúa en la línea vertical central (**2-4**) y se extiende hacia la parte trasera del cráneo.

6. A partir de **C**, dibuje la frente en línea curva para llegar a **2**, y siga dibujando así hasta **3**, que es la base del cráneo. Continúe la curva hasta alcanzar el punto en que quede alineada con la base de la nariz y de la oreja, en **E**, formando así la base del cráneo.

7. La boca está entre **E** y **F**, proyectándose el labio inferior por encima de **F**. Trace una línea de barbilla que arranque en **G**, en la línea inferior, y extiéndala hasta **H**.

8. Ahora, con una curva suave, dibuje, punteándola, la línea de la mandíbula que arranque en **H** y llegue hasta la parte trasera del cráneo.

9. Dibuje una línea fina en diagonal desde **C**, donde se proyecta la frente, hasta por debajo de **H**, debajo de la barbilla, para indicar la parte frontal del cuello.

10. Dibuje una diagonal paralela a la línea que acaba de trazar, que vaya desde la parte superior del cráneo **2** hasta la base del cráneo, para indicar la parte trasera del cuello.

La cabeza del adulto de perfil

Después de haber hecho varios esquemas, utilice papel de calcar para dibujar diversas cabezas de hombre y de mujer. Intente dibujar una mujer con distintas cabelleras, como las que se muestran en las dos ilustraciones justo bajo estas líneas. Cambie su estilo de peinado, quizás por el suyo. Observe cómo afectan estos cambios su edad y personalidad. Pruebe por lo menos diez estilos diferentes. Dibújela de mediana edad, y luego con ochenta años.

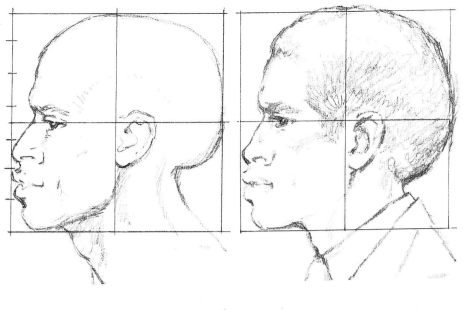

(Izquierda) *El clásico hombre afroameri-cano. Observe que la estructura de la boca puede sobresalir más que su nariz, la cual tiende a ser más aplana-da que la del caucasiano.* (Derecha) *El mismo hombre con el pelo muy rizado y pegado al cuero cabelludo.*

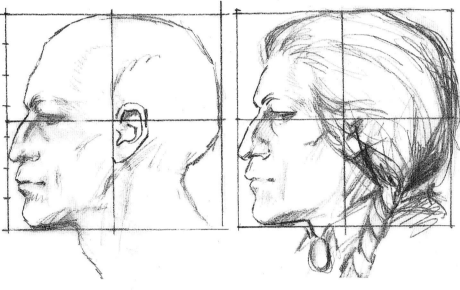

(Izquierda) *El clásico hombre nativo americano. Su estructura facial varía de tribu en tribu. Esta cabeza tiene los típicos rasgos fuertes y angulares con los que la mayoría de nosotros nos ima-ginamos a un nativo americano: una frente y puente nasal muy pronuncia-das, los pómulos altos, y una barbilla delgada y cuadrada.* (Derecha) *El mismo hombre mostrado con el pelo negro, largo y liso. Los nativos america-nos no tienen vello facial, así que no los dibuje nunca con barba o bigote.*

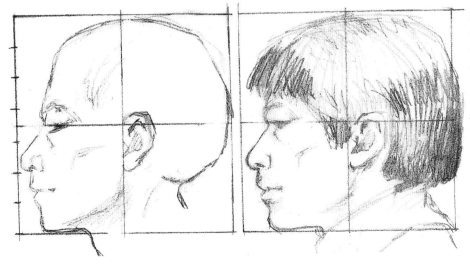

(Izquierda) *El clásico hombre oriental. Observe los rasgos característicos de los orientales: cara ancha y plana, pómulos altos, y párpado que cae pesadamente (que en realidad no está sesgado).* (Derecha) *El hombre oriental tiene el pelo liso y negro, y muy poco vello en la cara, así que, también en este caso, evite las barbas frondosas.*

La cabeza del adulto de frente

La mayor diferencia entre la cabeza del adulto vista de perfil o de frente, es que la cabeza vista de frente es considerablemente más estrecha. Con la ayuda de los esquemas que ha hecho, observe las proporciones faciales de los dibujos ahora mostrados, y haga varios dibujos Ud. mismo. Póngales pelo y cuellos de camisa a sus dibujos de hombres y mujeres. Pruebe diferentes características físicas. Varíe la raza y la edad. Añada barbas o gafas. Recuerde, las gafas se

asientan en el puente de la nariz y "entran" en la parte superior de las orejas. Busque fotografías en periódicos y revistas para tener ideas; cada persona es única.

Intente hacer un día diez cabezas de perfil, y otras diez de frente otro, y dése por lo menos cuatro días para cada uno de estos bloques, hasta que pueda dibujar esquemas de este tipo cómodamente y sin esfuerzo. Más adelante, le bastarán las dos líneas de proporción verticales y horizontales para hacer comprobaciones y correcciones, en caso de que tenga problemas con alguna cabeza.

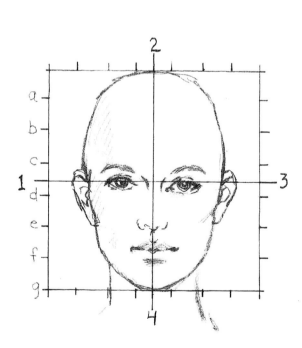

Un hombre de sesenta años.

Añadiéndole unas gafas.

Una mujer adulta vista frontalmente.

Añadiéndole el pelo y el cuello de una camisa.

La cabeza del niño de frente

Los niños no son tan diferentes a los adultos. Recuerde, cuanto más pequeño es el niño, *más baja* queda la línea del ojo. Por otra parte, la cabeza del niño es más ancha en relación con su longitud, lo cual le da a la cabeza un aspecto más redondo. Conforme va creciendo el niño, los ojos suben hasta la línea del ojo, en la parte central, y la cara (así como el resto del cuerpo) pierde grasas, y se vuelve menos redonda y más alargada.

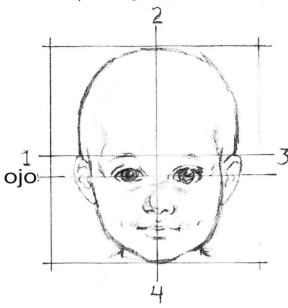

Un niño pequeño visto de frente.

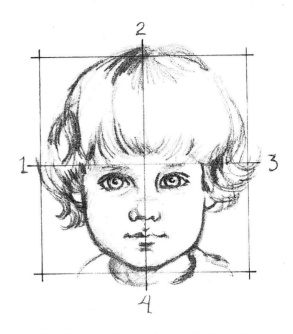

Un niño pequeño con pelo y cuello de camiseta.

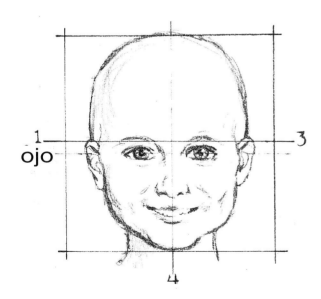

Un niño de seis a ocho años.

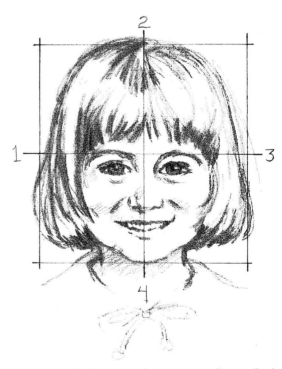

Una niña de seis a ocho años con pelo y cuello de blusa.

La boca

Los que no son artistas creen que los ojos son la parte de la cabeza más difícil de dibujar pero como verá, los ojos son simples comparados con la boca. Cada vez que un nuevo pensamiento cruza la mente de su modelo, su humor cambia, y también cambia la expresión alrededor de su boca. La rabia, el aburrimiento, el cansancio, el desdén, el malhumor... todos estos sentimientos y un millón más quedan plasmados alrededor de la boca. Un consejo: cuando esté trabajando en un retrato y llegue un momento en que la boca esté bien *¡déjela tal cual!* No vuelva a ocuparse de ella bajo ningún motivo. Podría desperdiciar el retrato en un segundo con sólo añadir "un toque más".

El tejido de los labios tiene un valor más oscuro que la piel que los rodea. Cuando la boca está abierta y los labios separados, vemos los dientes. Los niños pequeños tienen labios redondeados, muy llenos y suaves. Con la edad, los labios se vuelven más finos.

El labio superior a menudo queda en sombra, dado que se trata de un plano que retrocede. El labio inferior capta la luz, ya que se trata de un plano que se proyecta hacia adelante.

La boca es la parte del retrato más difícil para el artista, porque cambia constantemente, aunque estos cambios suelen ser extremadamente sutiles. Como dijo John Singer Sargent en una ocasión: "Un retrato es una foto con algo que falla en la boca."

Observando la boca

Cuando dibuje una boca, recuerde que el labio superior se compone de tres partes y el inferior de dos, como se muestra en los dibujos de la izquierda. La línea entre los labios superior e inferior debe ser quebrada y variada en peso e intensidad, para evitar una expresión forzada.

Si bien querrá Ud. dar la ilusión de que la imagen *podría* moverse en cualquier parte del retrato, en ninguna otra parte tanto como en la boca será esto cierto. Debemos tener muchísimo cuidado en no dibujar firmes líneas oscuras *alrededor* o *entre* los labios. Los contornos deben ser dibujados con suavidad, sobre todo cuando se trata de mujeres y niños.

Fíjese en la manera en que las comisuras de los labios se meten en las mejillas contiguas. Présteles mucha atención a estas comisuras. ¿Suben? ¿Bajan? ¿Son muy oscuras? Si las dibuja *demasiado* oscuras, la boca parecerá muy tensa.

En el niño pequeño, el labio superior es frecuentemente mayor y más protuberante que el inferior, que suele ser muy pequeño porque la mandíbula inferior todavía no se ha desarrollado.

Estudie su propia boca en un espejo de mano. Observe lo suave que parece el tejido de los labios. El centro del labio superior sobresale, y las comisuras retroceden conforme se adentran en las mejillas. Gire lentamente la cabeza hacia un lado. Al llegar a una vista de tres cuartos, verá que la comisura más alejada de la boca desaparece. Gírese lentamente hacia el otro lado y observe cómo desaparece la otra comisura.

Ahora, eche la cabeza hacia atrás y levante la barbilla. Vea cómo sigue la boca la forma curvada de los dientes. Vistas desde esta perspectiva, las comisuras de sus labios miran hacia abajo. Intente sonreír. ¿Qué ocurre entonces?

Haga descansar la barbilla sobre su pecho y observe cómo la boca sigue la curva de los dientes. Ahora, las comisuras se levantan, y se levantarán todavía más si sonríe. Eche la cabeza hacia atrás y mírese la boca. El labio inferior parece más delgado que el superior. A la inversa, cuando su barbilla descansa sobre su pecho, el labio superior parece más delgado que el inferior.

Cómo dibujar una boca, de frente y de perfil

1. Estudie su boca en un espejo e indique en el papel, con una línea fina, dónde quiere dibujarla. Primero busque las comisuras y ubíquelas.

2. Lo siguiente es la línea que hay entre los labios. Intente no dibujarla como una línea continua y quiébrela en alguna parte. Esto suaviza la boca e impide una expresión tensa. El espectador completará mentalmente esta línea.

3. Ahora forme el labio superior y desarróllelo partiendo de las tres partes ovaladas. La luz procedente de la parte superior izquierda o derecha deja el labio superior en sombra. Añada este tono.

4. Ya que está trabajando en el labio superior, fíjese en la muesca vertical que va desde la nariz hasta el labio, y en la sombra en el plano inclinado que va hacia la mejilla. Si Ud. es un hombre, le crecerá vello facial en esta área, lo que tenderá a oscurecer esta parte de su cara.

5. Ahora busque y ubique la sombra que se desplaza hacia la barbilla, bajo el labio inferior. Entrecierre los ojos y estudie su boca. ¿Es necesario añadirles tono a sus labios? ¿Delinear, tal vez, la forma del labio inferior? Las mujeres con los labios pintados quizás tengan que añadir tono; los hombres pueden dejarlos tal cual.

Busque el toque de luz sobre el labio inferior. Reprodúzcalo dejando el papel en blanco, o levántelo con una goma de borrar. Ponga los acentos oscuros que ve en las comisuras o entre los labios.

Intente no dibujar líneas alrededor de la boca. La diferencia de valor entre el tejido de los labios y la piel que los rodea es apenas perceptible en un dibujo en blanco y negro.

1. Ahora, intentemos dibujar la boca de perfil. Sostenga un espejo a un lado de su cara y mire el reflejo de su boca en un segundo espejo; encaje la boca indicando primero el ángulo de la línea entre los labios.

2. Encaje, con una línea recta, el ángulo de proyección de sus labios. ¿Sobresale más el labio superior o el inferior?

3. Dibuje la comisura del labio.

4. Oscurezca el labio superior si resulta estar en sombra.

5. Añada la sombra debajo del labio inferior y en la comisura del labio. Deje los contornos suaves en el lugar donde la sombra se fusiona con la luz. ¿Queda el labio inferior más oscuro que la piel que lo rodea? Si lo ve, añada este tono. (Señoras, para

resolver este problema, deberán quitarse la pintura de labios.) Ahora, con la ayuda de una goma, levante el toque de luz donde lo vea. Verá como ya tiene dibujada una boca sin ninguna línea que la circunscriba.

Cómo dibujar la oreja de frente

Los estudiantes creen que el dibujo de las orejas es más difícil de lo que es en realidad. Con un poco de observación, se elimina este temor. Tanto si las orejas son planas como si sobresalen, conviene pensar en ellas como en discos planos ovalados situados al lado de la cabeza. La oreja se compone de cartílago, no de hueso, y prácticamente no tiene movimiento, así que no cambia cuando cambia la expresión. En el adulto, la oreja es una forma vertical que se extiende desde la línea de la ceja hasta la base de la línea de la nariz.

Vista de perfil, la oreja empieza a mitad de la línea que va desde la frente hasta la parte trasera de la cabeza, y se extiende hacia atrás. También queda ligeramente inclinada hacia atrás, siendo a veces paralela a la línea de la nariz.

La línea interior alrededor de la parte superior de la oreja raramente sigue exactamente la línea exterior. No olvide de que las dos orejas suelen quedar alineadas una con otra y que cuando la cabeza está inclinada, se ven en perspectiva.

Observando las orejas

Curiosamente, aunque las orejas no suelen contribuir mucho a la exactitud de un retrato, cuando quedan mal colocadas pueden causar un montón de problemas. Además, es un tipo de problemas sutil, porque nadie espera que las orejas importen mucho. Una cara podrá ser perfecta, con unas orejas maravillosamente dibujadas, y aun así tener Ud. la sensación de que hay algo que falla. Para los estudiantes, el mayor problema parece ser el de alinear las orejas con la línea de las cejas y la de la base de la nariz. Asegúrese de que sigue la línea curva de las ceja cuando la cabeza está inclinada, y dibuje orejas a partir de ahí. Al igual que sucede con la boca, cuando la cabeza está inclinada, las orejas parecen quedar más bajas; si la cabeza está inclinada hacia adelante, parecen quedar más altas.

Antes de empezar a dibujar, siéntese derecho, con la cabeza totalmente erecta, y mírese en un espejo. Visualice unas líneas imaginarias que vayan de oreja a oreja, una en la parte superior de sus orejas y otra en la parte inferior. Tal como aprendió en el apartado anterior sobre las proporciones de la cabeza, tenemos una regla del pulgar que nos dice que la parte superior de la oreja suele alinearse con la ceja, y la parte inferior con la base de la nariz. Pero puede darse el caso de que *sus* orejas estén situadas de otra manera; fíjese bien y decida.

Ahora, eche la cabeza hacia la derecha o hacia la izquierda, e intente imaginarse la línea que pasa por la parte inferior de las orejas. Es *mucho* más difícil ubicar correctamente las orejas cuando la cabeza no está recta.

Para hacer este ejercicio, necesitará papel de dibujo, un lápiz, una goma moldeable y un espejo.

1. Encaje el esquema de la cabeza vista de frente indicando las partes superior e inferior de las orejas con una línea fina.

2. Piense en la oreja como en un disco plano ovalado y empiece a dibujar sus orejas con dicha forma a ambos lados de la cabeza. A continuación, retoque la forma exterior de su oreja, tal como se muestra en el dibujo (arriba a la derecha).

3. Añada la línea interior curvada alrededor de la parte superior, para formar el pliegue, llamado hélix. A continuación, tal como se ve en el dibujo de la izquierda, defina la hendidura en forma de cuenco y la aleta que hay delante de la obertura frontal de la oreja.

Siga este procedimiento para ambas orejas, y asegúrese de que ambas orejas quedan "integradas". ¿Le cubre el pelo parte de las orejas? Y otra cosa. Cuando sonríe, ¿cubren sus mejillas parte de sus orejas?

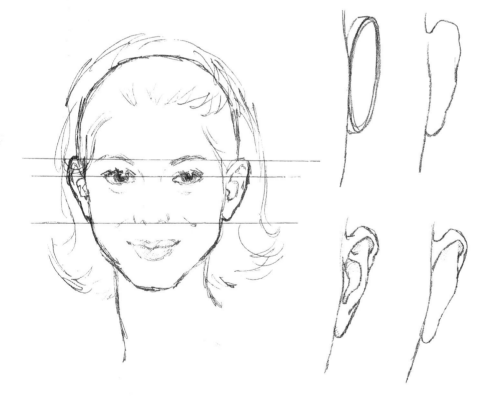

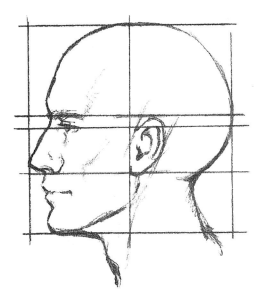

El dibujo de la oreja de perfil

Para dibujar su oreja en este ejercicio, necesitará los dos espejos que utilizó para ver su boca de perfil. Cuando está sentado derecho, con la cabeza recta, ¿se alinea la parte superior de su oreja con su ceja? ¿Con su ojo? Nunca conseguirá un buen retrato de perfil si la oreja no queda correctamente alineada con los demás rasgos, pero la mayoría de estudiantes no se dan cuenta de eso.

1. Dibuje un perfil de cabeza esquematizado tal como aprendió a hacerlo en las páginas 106-109, y ubique la oreja tal como se indica (izquierda). Estudie *su* oreja y dibújela donde la ve. ¿Se alinea con la oreja que acaba de dibujar en el esquema?

2. Dibuje líneas finas que indiquen las partes superior, inferior, frontal y tra-sera de la oreja (ver esquema abajo a la izquierda). A continuación, empiece con el disco ovalado, inclinándolo lige-ramente hacia la parte trasera de la cabeza. Después, retoque la forma exte-rior de la oreja, desde la parte superior hasta la inferior, tal como se muestra en la ilustración (abajo, en el centro).

3. Añada la línea interior dentro de la parte superior del óvalo (abajo a la derecha). Forme el pliegue (el hélix) y llévelo hasta el lóbulo.

4. Dibuje la línea circular que des-cribe la cavidad de la oreja; continúela hasta las dos aletas rígidas que protegen la obertura de la oreja (una en la parte inferior trasera y la otra en la parte fron-tal, girada hacia la cara). Añada sombras y toques de luz. Después, gire la cabeza y dibuje su otra oreja. Dibujar un oreja invertida es una experiencia diferente.

Errores comunes cuando se dibujan las orejas

*D*ibujarlas *de cualquier mane-ra.* La oreja a menudo se pasa por alto durante el proceso de dibujo de la cabeza, y luego al final se mete con prisas y de cualquier manera. Tómese su tiempo y présteles a las orejas la atención que se merecen, y compruebe que están alineadas con las cejas y la base de la nariz.

No están colocadas en la cabe-za con la perspectiva adecuada. La observación cuidadosa le permitirá colocarlas bien.

Colocadas demasiado altas o demasiado bajas. Este problema se da especialmente cuando dibuja-mos niños; la ubicación de las ore-jas afecta considerablemente la edad que el niño aparenta tener, sobre todo visto de frente. Si tiene dificultades para conseguir que el niño aparente su edad real, com-pruebe la ubicación de las orejas. Si tiene dudas, alinee la parte superior de la oreja con la línea de la ceja. Esta alineación no es muy fácil de ver, dado que los niños raramente permanecen quietos, pero ayuda mucho saber qué hay que mirar.

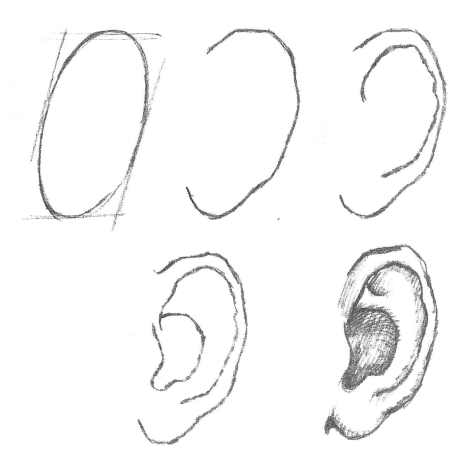

El dibujo de los ojos de frente

Para este estudio, necesitará un lápiz blando, papel de dibujo, una goma moldeable y, por supuesto, el espejo.

1. Empiece con la esfera del ojo, y dibújela suavemente. (Aunque no la pueda ver, sabe que está ahí.) Dibuje una segunda esfera para el otro ojo, dejando entre ellas la anchura de un ojo. (Ver esquema bajo estas líneas.)

2. Dibuje los párpados siguiendo la curva de la esfera, como se muestra en el segundo dibujo. Fíjese que el párpado inferior tiene un contorno distinto al superior, y que el superior proyecta una sombra sobre el globo ocular. Si falta esta sombra, el ojo parecerá "saltón", demasiado prominente.

Después, añada los lagrimales en la intersección de los dos párpados, cerca de la nariz; la mayoría de las veces, esta esquina queda más baja que la exterior. Dibuje la línea del pliegue en el párpado superior, y añada alguna sombra, si es preciso, para indicar la depresión que hay cerca del puente de la nariz. ¿Hay un pliegue *debajo* del ojo?

3. Dibuje las cejas. Recuerde que la ceja se compone de muchos pelitos; hay que dibujarla con trazos cortos, no con una línea continua. Aplique cualquier sombra que vea bajo las cejas y bajo el párpado inferior. Borre la línea circular del globo del ojo.

4. Ponga el iris redondo y coloreado. Si abre bien los ojos, verá el círculo entero; si no los abre al máximo, la parte superior del iris quedará recubierta por el párpado superior, o bien la parte inferior por el párpado inferior, aunque lo mas probable es que tanto la parte inferior como la superior queden recubiertas por ambos párpados. Es muy poco habitual ver el iris entero. Busque detenidamente el pequeño toque brillante de luz, y deje esta diminuta área del papel en blanco (o si lo prefiere, puede levantarla posteriormente con la goma).

Ahora añada la pupila negra en el centro del iris. Hágala muy oscura.

Estudie el ojo derecho. Añada pestañas *sólo donde las vea*. Compruebe la alineación de las dos pupilas colocando su lápiz de forma horizontal sobre ellas. Asegúrese de que el lápiz está recto, no inclinado. (Este método es indispensable, no importa el medio que esté utilizando para dibujar o pintar. También da buen resultado para alinear orejas y enderezar la boca o las ventanillas de la nariz.)

Últimos retoques

Con una última mirada crítica, compruebe su trabajo mirando su *dibujo* en el espejo. El mirar su obra artística en un espejo es una manera infalible de detectar errores. Puede, por ejemplo, ver que un ojo es claramente más grande que el otro, o que ha quedado más bajo, o desproporcionado. Corrija cualquier error que detecte. Añada cualquier acento que les permita cobrar vida a los ojos que ha dibujado. Por ejemplo, puede convenirle añadir una sombra oscura extra debajo del párpado superior. O bien oscurecer el tercio superior del iris, lo cual le da una profundidad considerable a los ojos. O bien añadir puntitos extremadamente oscuros u claros para conseguir la "chispa" que les da vida a los ojos.

¿No le encanta dibujar ojos? ¿No es emocionante y estimulante dibujarlos como si pudieran pestañear, o conseguir que transmitan estados de ánimo? Cuando dibuje a otras personas, intente plasmar correctamente el grupo de edad a que pertenecen. Unos ojos encantadores con unas largas pestañas, por ejemplo, serían inadecuados para un niño. ¿Se siente capaz de plasmar la sabiduría que hay en los ojos de una persona que lleva mucho tiempo viviendo? Algunos ojos de verdad parecen chispear y bailar. ¿Puede plasmar este efecto?

Podemos decir sin temor a equivocarnos que nunca se aburrirá dibujando ojos, ya que los ojos de cualquier persona son únicos. La variedad es infinita.

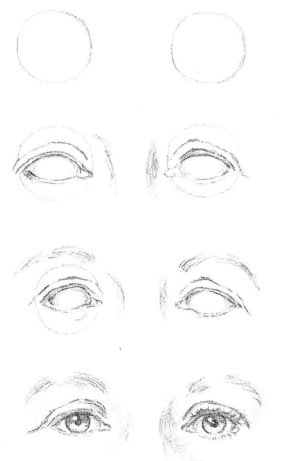

El dibujo de los ojos de perfil

La única manera de estudiar su propio ojo de perfil es observándolo con un espejo de mano que capte su imagen reflejada por un espejo de pared. (También puede utilizar un espejo de tres cuerpos, si lo tiene.) Esto puede parecer un poco incómodo, pero la información que se obtiene con este estudio bien merece la pena.

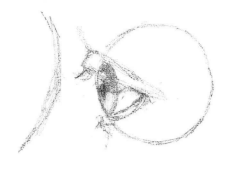

Consejo: Intente dibujar varios ojos de perfil observando a otras personas. Es más fácil que dibujarlos de frente, pero no es necesario qué estén mirando hacia Ud. Si sigue este consejo, pronto verá con que rapidez puede dibujar un ojo.

1. Empiece con la esfera ligeramente dibujada. Por supuesto, cuando mire de perfil, sólo podrá ver un ojo, dado que el otro está oculto tras la nariz, al otro lado de la cabeza. Dibuje la curva del párpado superior, y después el párpado inferior. No podrá ver el lagrimal.

2. Añada la ceja, luego la sombra debajo de la frente, si es que la hay, y la sombra debajo del párpado inferior.

Estudie el iris. Verá que, visto desde este ángulo, ya no es redondo, sino que tiene la forma de un disco achatado, parte del cual quedará recubierto por el párpado. Visto de perfil, el toque de luz aún será más diminuto; estúdielo con detenimiento e intente dejarlo en blanco sobre el papel cuando coloree el iris. Si no lo consigue, levántelo con su goma moldeable.

A continuación, dibuje la pupila, que también tiene forma de disco achatado, muy oscuro. Cuanto más oscura haga el área alrededor del toque de luz, más brillante parecerá dicho toque de luz. Ponga las pestañas, que son mucho más prominentes en la vista de perfil. A continuación, añada los retoques.

Para terminar, borre las líneas aún visibles que indican la esfera y ¡ya está!

Consejo: Los ojos vistos de tres cuartos son menos estáticos que los vistos de frente o de perfil. Hay más indicación de movimiento porque la cabeza está girada hacia un lado, mientras que los ojos miran hacia otro.

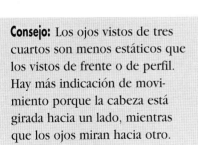

El dibujo de la nariz de frente

Para estos ejercicios, necesitará un lápiz blando, papel de dibujo, una goma moldeable y un espejo.

1. Mírese en el espejo, observe su nariz e intente verla como un bloque triangular proyectándose desde la superficie facial. Esta forma tiene un plano superior, dos planos laterales y un plano inferior. No se puede *ver* realmente una línea donde el plano lateral se encuentra con la mejilla y se convierte en su plano frontal, pero es fácil imaginarse dicha línea. Es más fácil *sentirla* que verla. Presione lo bastante como para sentir los planos laterales de su nariz, y luego los planos de sus mejillas. (Sienta también sus pómulos y los bordes de sus globos oculares alrededor de sus ojos.)

2. Fíjese en el dibujo superior y empiece a dibujar. Empiece por los profundos huecos que hay a cada lado del puente de la nariz, cerca de la esquina interna de los ojos. Después, haga una señal en la base de la nariz. Siempre que dibuje una forma, empiece por indicar ligeramente sus límites. No se puede empezar a dibujar por una punta y esperar que todo salga bien en la otra.

3. Dibuje ligeramente la forma triangular de la nariz (dibujo del entro). Piense en la forma de la nariz como en un bloque macizo y dibuje el plano lateral del lado en sombra, el plano lateral del lado iluminado y el plano superior. Es importante que empiece sus narices así, aunque en realidad no *vea* estos tres planos. Debe comprender esta estructura. Siempre podrá borrar más tarde las líneas que definen los planos.

4. Ahora, dibuje la punta carnosa redondeada, como se muestra en el dibujo de abajo, con líneas redondas que expresen su forma más bulbosa y, después, las formas en aleta a cada lado.

5. Ahora, indique el plano inferior, que es el lado inferior de nuestro bloque compacto triangular. Dibuje una línea fina donde crea que el lado lateral de las formas en aleta se doblan hacia abajo para convertirse en el plano inferior, y también donde ve que las partes superior y frontal de la punta redondeada se convierten en la parte inferior, y ¡ya está!

6. La nariz proyecta una sombra sobre la mejilla, o sobre el área entre la nariz y el labio superior, o sobre ambos. ¿Ve algunas sombras proyectadas? Añádalas, pero no las haga demasiado oscuras, o parecerán agujeros. Busque la forma exterior de la sombra proyectada; le ayudará a definir la forma en que cae.

¿Ve también la luz reflejada que rebota contra el plano inferior? Aclare un poco, si es preciso, su área sombreada. Recuerde que la luz reflejada *nunca* puede ser tan clara como su área iluminada, o sino la forma compacta de la nariz que le ha costado tanto trabajo dibujar se vendrá abajo.

7. Ahora, limpie su dibujo eliminando las líneas de construcción, a menos que le gusten. Añada pequeños toques oscuros si su dibujo requiere más definición. Pula las formas si es preciso. Levante los toques de luz: (1) en el puente de la nariz, justo debajo de la sombra de la frente; (2) en la parte huesuda de la nariz, más o menos por la mitad (no todas las narices tienen este toque de luz); y (3) el brillo de la punta de la nariz, que es el toque de luz más brillante y más obvio. Si está dibujando una mujer hermosa, conviene minimizar este toque de luz; en cambio puede ser un toque de carácter en un hombre, casi tan importante y fuerte como los toques de luz brillantes en los ojos. En cuanto a los niños, este toque de luz suele ser redondeado y definido. La ubicación correcta y el brillo de este toque de luz le aportarán mucho a su retrato.

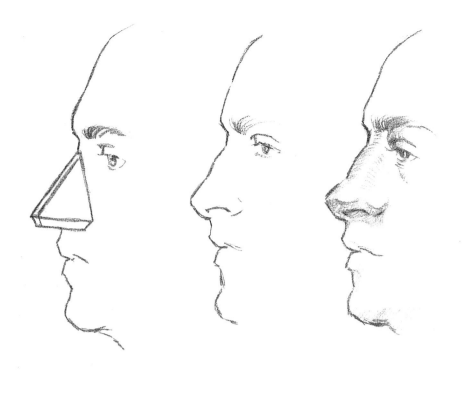

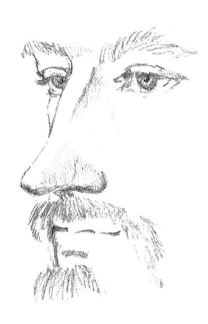

yecta desde el puente, redondea en la punta y retrocede hacia el área encima del labio superior. Añada la aleta curvada que se funde con la mejilla, y luego la ventanilla.

Esto parece más fácil que dibujar la nariz de frente, pero no es del todo cierto. Si bien se puede percibir más fácilmente la forma de perfil, siendo ésta, por lo tanto, más fácil de dibujar, es más difícil conseguir que parezca sólida. Éste es uno de los problemas que se encontrará cuando dibuje cualquier rasgo, e incluso la cabeza: el dibujo, visto de perfil, parecerá plano, como una silueta.

Cómo conseguir que la nariz se proyecte

Para dar una sensación de forma sólida, puede sombrear el plano inferior. Añada una sombra proyectada que vaya desde la nariz hasta el área del labio superior. Aplique un medio tono en los planos superior y lateral, dejando áreas de papel intacto para indicar los brillos y toques de luz.

Una de las maneras de evitar este aspecto plano es girar la cabeza lo bastante como para ver las pestañas detrás de la nariz. *Ahora*, puede dibujar la nariz de forma más sólida y, de paso, también la boca. Siga la misma secuencia de trabajo que para el perfil "plano" ya explicado: dibuje primero el área entre las cejas y, después, la curva del puente de la nariz. A medida que vaya bajando por la nariz, se encontrará con el plano superior, el plano frontal de la punta, y el plano inferior. Incluya las líneas que dividen cada plano, para indicar que comprende la división entre dichos planos y el plano lateral. Dibuje, en el plano lateral, la aleta curvada sobre la ventanilla, y luego la ventanilla en sí, si es que es visible. Mire la ilustración. ¿Verdad que estas narices parecen más sólidas?

El dibujo de la nariz de perfil

Estudie su nariz de perfil en un espejo. Luego, encájela como una forma triangular proyectándose desde la superficie facial. Luego, empiece por la parte superior, con el área que hay justo entre las cejas. Busque el hueco curvado en el puente. La nariz se pro-

ÍNDICE

Técnicas básicas de dibujo